＼ サクッとうかる ／
社会福祉法人
経営実務検定試験
（厚生労働省後援）

経営管理
ガバナンス編

公式
テキスト&トレーニング

ネットスクール社会福祉法人経営教育研究会

ネットスクール出版

はじめに

～社会福祉法人経営実務検定試験を目指される皆様へ～

　社会福祉法人における会計処理や経営管理を学習範囲とするこの試験は、「社会福祉会計簿記認定試験」として17年間の長きにわたり実施されてきましたが、2022年度に新試験制度を導入し、名称も『社会福祉法人経営実務検定試験』と改められ、その内容の社会的重要性から、厚生労働省の後援を得るに至りました。また、新試験制度導入において、試験の出題内容も大幅に見直しが行われました。

　特に注目すべき点は「ガバナンス」に関する内容が試験範囲として加わったことです。

　平成28年度の社会福祉法の大改正により、社会福祉法人においてより一層のコンプライアンス（法令遵守）・ガバナンス強化が求められるようになったことが、この試験制度改革の背景にあると言えます。

　社会福祉法人経営実務検定試験の経営管理科目は、ガバナンスに関する問題と財務管理に関する問題で構成されていますが、本書籍は「社会福祉法人経営実務検定試験　ガバナンス編」として、ガバナンス部分にのみ対応する教材です。経営管理を受験される皆様におかれましては、別途「社会福祉法人経営実務検定試験　財務管理編」もお買い求めいただき、併せて学習することが必要です。

　最後になりましたが、本書籍の刊行にあたり多大なるご協力を賜りました皆様に、心より感謝申し上げます。

ネットスクール　社会福祉法人経営教育研究会

神﨑　里佐

佐々木 直行

社会福祉法人経営実務マイスター制度

2022 年度から、新しい試験制度でスタートする「社会福祉法人経営実務検定試験」（旧 社会福祉会計簿記認定試験）では、「**会計1級**」と「**経営管理**」の2科目に合格すると「**社会福祉法人経営実務マイスター**」の称号が付与されます。

これから経営管理の受験を目指し学習を始める皆様は、社会福祉法人経営実務マイスターまであともう一歩のところまで来ています。

本書で学習された皆様が社会福祉法人経営実務マイスターとなり、これからの社会福祉法人の発展を担っていただけたら光栄です。

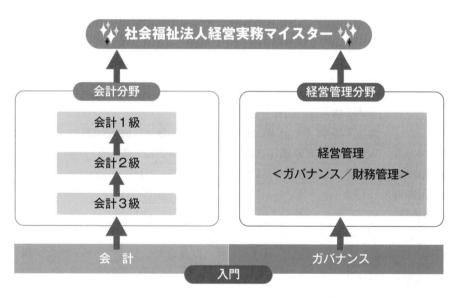

マイスターまであともう一歩！

頑張ります！！

社会福祉法人経営実務検定試験 経営管理のプロフィール

社会福祉法人経営実務検定試験 経営管理とは

　社会福祉法人経営実務検定試験とは、社会福祉法人会計に携わる人々が、業務に必要な知識を学ぶことができる認定試験です。社会福祉法人会計は企業会計とは大きく異なる会計のため、その特殊性に配慮した勉強が必要となります。

　経営管理の受験対象者は、「役員あるいは統括会計責任者、社会福祉法人経営の中核を担う方」となっています。

　なお、2021 年 12 月までに 17 回実施されていた社会福祉会計簿記認定試験上級財務管理の名称が、2022 年より社会福祉法人経営実務検定試験　経営管理に変更され、新たに「ガバナンス」に関する問題も出題されることとなりました。

過去の合格率

　過去 7 回の平均合格率は、34%となっています。

	第 13 回	第 14 回	第 15 回	第 16 回	第 17 回	第 18 回	第 20 回
	2017 年	2018 年	2019 年	2020 年	2021 年	2022 年	2023 年
受験申込者	138	122	117	137	131	117	140
実受験者	113	106	104	111	103	106	122
合格者	21	29	18	22	39	71	63
合格率	18.58%	27.36%	17.31%	19.82%	37.86%	66.98%	51.64%

※第 17 回までは旧試験制度における上級（財務管理）として実施された試験の実績となります。

※第 19 回は入門科目のみの実施です。

受験資格・試験日など

受験資格：男女の別、年齢、学歴、国籍等の制限なく誰でも受けられる。

試験日：年間1回／12月実施

試験時間：14時00分から15時30分の90分

大問数：4問（うちガバナンスに関する問題2問、財務管理に関する問題2問）

受験料：9,900円（税込）

合格基準：100点を満点とし、70点以上。

　　　　　ただし、大問のうち1つでも0点がある場合は不合格となる。

出題範囲：新試験制度の導入により、出題範囲は一般財団法人総合福祉研究会の

　　　　　ホームページをご確認ください。

　　　　　【URL　https://www.sofukuken.gr.jp/】

本書の使い方

内容理解はこの１冊でOK！

図表やイラストを使って、読みやすくしました。

また、『Point』で、学習の要点が一目でわかるようになっています。

キャラクターが補足説明します。

重要論点を簡潔にまとめました。

定款記載例の解説

定款の記載例について、記載内容及び記載方法を解説していきます。

なお、以下の解説については　　　部分で定款記載例を紹介し、続けて該当部分の解説を記載しています。

本来の表記は第一条……となりますが、ここからの解説では読みやすくするために第１条……表記をしていきます。

4 社会福祉法人定款例

（目的）

第１条　この社会福祉法人（以下「法人」という。）は、多様な福祉サービスがその利用者の意向を尊重して総合的に提供されるよう創意工夫することにより、利用者が、個人の尊厳を保持しつつ、自立した生活を地域社会において営むことができるよう支援することを目的として、次の社会福祉事業を行う。

（１）　第一種社会福祉事業

　　　（イ）　障害児入所施設の経営

　　　（ロ）　特別養護老人ホームの経営

　　　（ハ）　障害者支援施設の経営

（２）　第二種社会福祉事業

　　　（イ）　老人デイサービス事業の経営

　　　（ロ）　老人介護支援センターの経営

　　　（ハ）　保育所の経営

　　　　　　以下、省略

Check Point 指導監査ガイドラインⅠ　1-1

定款は、法令等に従い、必要事項が記載されているか

（法第31条第１項）

指導監査ガイドラインとは、社会福祉法人を運営する上で遵守すべき内容が記載されています（110ページ参照）。

47

理解のための反復練習

　ガバナンスの問題は正誤判定と語群選択です。確認テストの問題文の基になっているテキスト本文に戻り、繰り返し反復して読み返しましょう。

| テキスト | ＋ | 基本問題 |

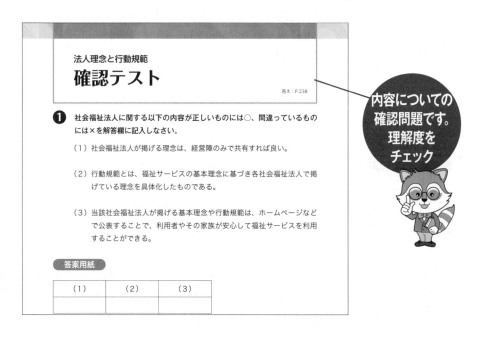

法人理念と行動規範
確認テスト
答え：P.238

❶ 社会福祉法人に関する以下の内容が正しいものには○、間違っているものには×を解答欄に記入しなさい。

（1）社会福祉法人が掲げる理念は、経営陣のみで共有すれば良い。

（2）行動規範とは、福祉サービスの基本理念に基づき各社会福祉法人で掲げている理念を具体化したものである。

（3）当該社会福祉法人が掲げる基本理念や行動規範は、ホームページなどで公表することで、利用者やその家族が安心して福祉サービスを利用することができる。

答案用紙

（1）	（2）	（3）

内容についての
確認問題です。
理解度を
チェック

サンプル問題を使って実力を把握！

　テキストと確認テストで学んだ知識を確認し、一通り学習が終わったら、サンプル問題に挑戦してみましょう。

【凡例】

 本書では、各種法令や通知等について
以下のように省略して記載しています。

略式名称	正式名称
法　　　人	社会福祉法人
法	社会福祉法（昭和 26 年法律第 45 号）
令	社会福祉法施行令（昭和 33 年政令第 185 号）
規　　　則	社会福祉法施行規則（昭和 26 年厚生省令第 28 号）
認 可 通 知	「社会福祉法人の認可について（通知）」（平成 12 年 12 月 1 日付け障第 890 号・社援第 2618 号・老発第 794 号・児発 908 号厚生省大臣官房障害保健福祉部長、厚生省社会・援護局長、厚生省老人保健福祉局長及び厚生省児童家庭局長連名通知）
審 査 基 準	認可通知別紙 1「社会福祉法人審査基準」
定 款 例	認可通知別紙 2「社会福祉法人定款例」
審 査 要 領	「社会福祉法人の認可について（通知）」（平成 12 年 12 月 1 日付け障企第 59 号・社援企第 35 号・老計第 52 号・児企第 33 号厚生省大臣官房障害保健福祉部企画課長、厚生省社会・援護局企画課長、厚生省老人保健福祉局計画課長及び厚生省児童家庭局企画課長連名通知）別紙「社会福祉法人審査要領」
徹 底 通 知	「社会福祉法人の認可等の適正化並びに社会福祉法人及び社会福祉施設に対する指導監督の徹底について」（平成 13 年 7 月 23 日付け雇児発第 488 号・社援発第 1275 号・老発第 274 号厚生労働省雇用均等・児童家庭局長、厚生労働省社会・援護局長・厚生労働省老健局長連名通知）

入 札 通 知	「社会福祉法人における入札契約等の取扱いについて」（平成 29 年 3 月 29 日付け雇児総発 0329 第 1 号・社援基発 0329 第 1 号・障企発 0329 第 1 号・老高発 0329 第 3 号厚生労働省雇用均等・児童家庭局総務課長、厚生労働省社会・援護局福祉基盤課長、厚生労働省社会・援護局障害保健福祉部企画課長・老健局高齢者支援課長連名通知）
会 計 省 令	社会福祉法人会計基準（平成 28 年厚生労働省令第 79 号）
運用上の取扱い	「社会福祉法人会計基準の制定に伴う会計処理等に関する運用上の取扱いについて」（平成 28 年 3 月 31 日付け雇児発 0331 第 15 号・社援発 0331 第 39 号・老発 0331 第 45 号厚生労働省雇用均等・児童家庭局長、厚生労働省社会・援護局長、厚生労働省老健局長連名通知）
留 意 事 項	「社会福祉法人会計基準の制定に伴う会計処理等に関する運用上の留意事項について」（平成 28 年 3 月 31 日付け雇児総発 0331 第 7 号・社援基発 0331 第 2 号・障障発 0331 第 2 号・老総発 0331 第 4 号厚生労働省雇用均等・児童家庭局総務課長、厚生労働省社会・援護局福祉基盤課長、厚生労働省社会・援護局障害保健福祉部障害福祉課長、厚生労働省老健局総務課長連名通知）
平成 28 年改正法	社会福祉法等の一部を改正する法律（平成 28 年法律第 21 号）
平成 28 年改正政令	社会福祉法等の一部を改正する法律の施行に伴う関係政令の整備等及び経過措置に関する政令（平成 28 年政令第 349 号）
F A Q	「社会福祉法人制度改革の施行に向けた留意事項について」等に関する Q & A

（注）本書は令和 6 年（2024 年）4 月 1 日現在施行されている法令等に基づいて作成しています。

CONTENTS

第1章 社会福祉法人制度

第2章 社会福祉事業と福祉サービス

第3章 法人理念と行動規範

第4章 社会福祉法人定款例

社会福祉法人制度

社会福祉法人は、全国で約 20,000 法人あります。

また、社会福祉法人で働く職員は約 87 万人、福祉サービス利用者は約 296 万人にのぼります（全社協ホームページより）。

福祉サービスの提供は、社会福祉法人だけではなく医療法人や N P O 法人、株式会社でも行うことが出来ます。

そのような中で、社会福祉法人がどのような役割を求められているのか、ということをこの章で学習していきましょう。

1 社会福祉法人制度の概要

社会福祉法人とは

社会福祉事業を行うことを目的として設立された法人を、社会福祉法人といいます。

（法第 22 条）

また、社会福祉事業は「利用者が出来る限り自分の力で日常生活を送れるように手助けをするための事業」であり、利用者の保護の必要性が高い**第一種社会福祉事業**と、第一種社会福祉事業よりも比較的利用者保護の必要性が低い**第二種社会福祉事業**があります。

（法第 2 条）

社会福祉法人を設立するためには、まず**定款を作成し必要事項を定め**、厚生労働省で定める手続きに従って、作成した定款について**所轄庁の認可**を受けなくてはなりません。

（法第 31 条）

　定款に記載する必要事項などの詳細については、「第4章　社会福祉法人定款例」で学習します。

また、社会福祉法人は、社会福祉事業の主たる担い手としてふさわしい事業を、確実、効率的かつ適正に行うため、法人経営において**3つの原則**が示されています。

- ・自主的な経営基盤の強化
- ・福祉サービスの質の向上
- ・事業経営の透明性の確保

> **社会福祉法第24条1項　（経営の原則等）**
>
> 　社会福祉法人は、社会福祉事業の主たる担い手としてふさわしい事業を確実、効果的かつ適正に行うため、自主的にその経営基盤の強化を図るとともに、その提供する福祉サービスの質の向上及び事業経営の透明性の確保を図らなければならない。

社会福祉事業とは

　社会福祉法人が行う社会福祉事業には、社会福祉法で定められた**第一種社会福祉事業**と**第二種社会福祉事業**があります。

　第一種社会福祉事業は、経営が安定している必要があるので、都道府県知事などによる指導・監督を受け、原則として国や地方公共団体と社会福祉法人にしか経営することができません。

（法第60条）

　他方、第二種社会福祉事業には、このような制約がないため、株式会社などでも行うことができますが、都道府県知事（指定都市市長または中核市市長）への届け出が必要です。

（法第2条）

　第一種と第二種の具体的事業例は「第2章　社会福祉事業と福祉サービス」で学習します。

公益事業、収益事業とは

社会福祉法人は、主たる事業である社会福祉事業に支障がない限り、**公益事業**や**収益事業**を行うことができます。

公益事業とは、社会福祉と関係のある公益を目的として行う事業であり、その収益は社会福祉事業又は公益事業に充てなければなりません。

収益事業とは一般の企業と同様に、事業の種類に特別の制限はありませんが、法人の社会的信用を傷つけるおそれがあるもの又は投機的なものは適当でないとされています。

（法第26条）

point

社会福祉事業

一種
・特別養護老人ホーム
・児童養護施設
・障害者支援施設
・救護施設 等

二種
・保育所
・訪問介護
・デイサービス
・ショートステイ 等

利用者の保護を行う施設を運営
＜経営主体＞
国または地方公共団体及び**社会福祉法人**に限定

在宅生活を支えるサービスを行う
＜経営主体＞
制限はありません。

公益事業
・子育て支援事業
・入浴、排せつ、食事等の支援事業
・介護予防事業、有料老人ホーム、老人保健施設の経営
・人材育成事業
・行政や事業者等の連絡調整事業

収益事業
・貸ビル、駐車場、公共的な施設内の売店の経営

2 社会福祉法人制度の歴史的変遷

社会福祉法人制度のはじまり

社会福祉法人制度は、1951（昭和26）年に「旧社会福祉事業法（現社会福祉法）」によって創設されました。

戦後、社会福祉事業が公的責任により実施されることになり、民間の社会福祉事業の自主性の尊重と経営基盤の安定等の要請から、旧民法第34条の公益法人の特別法人として制度化されたのです。

社会福祉法人制度化の背景

社会福祉事業法施行前の福祉事業は、その担い手は主に民間による慈善団体でした。

しかし、戦後の日本では多くの国民が厳しい生活環境に置かれることとなり、同時に、戦争による孤児や失業者、戦争によって身体に傷を負った身体障害者など、多様な生活困窮者が多く生じたため、民間の慈善団体だけでの救済は厳しくなり、政府主体の公的な社会福祉事業の必要性が検討されるようになりました。

また、「憲法第89条」の規定により、民間の（公の支配に属さない）慈善事業への公金支出の禁止が明文化されたことにより、民間の慈善団体に対する公的寄附が打ち切られ、慈善団体の財政はますます厳しい状況に陥ることになりました。

このような背景から、社会福祉事業の制度化が必要となり、旧社会福祉事業法が制定されるに至りました。

日本国憲法第89条

公金その他の公の財産は、宗教上の組織若しくは団体の使用、便益若しくは維持のため、又は公の支配に属しない慈善、教育若しくは博愛の事業に対し、これを支出し、又はその利用に供してはならない。

近年の社会福祉制度改革

　社会福祉法人は、旧社会福祉事業法の制定後、主として国からの措置事業を担う公共的な性格を有する法人として、長きにわたり社会福祉事業の主たる担い手として、我が国の社会福祉を支えてきました。

　その後、2000（平成12）年の介護保険制度の導入、同年の社会福祉事業法の改正による社会福祉法の成立により、サービスの利用の仕組みの一部を措置から契約に転換し、多様な供給主体を参入させることにより、利用者の選択の幅を広げるとともに、事業者の効率的な運営を促し、サービスの質の向上と量の拡大を図る政策がとられました。

　措置制度では、行政の判断で利用者へのサービスを決定していましたが、契約制度では利用者が自由に施設（サービス）を選ぶことができるようになりました。
　そのため、社会福祉法人はサービスの充実など「選んでもらうための努力」が必要となったのです。

　さらに、2006（平成18）年に公益法人制度改革が行われ、公益財団法人等には、その組織等について法律で明確に規定されるとともに、透明性の確保についても高いレベルの情報公開が義務付けられました。

　こうしたこと等を踏まえ、2016（平成28）年には社会福祉法人が備える公益性・非営利性に見合う経営組織や財務規律を実現し、国民に対する説明責任を果たすとともに、地域社会に貢献するという社会福祉法人本来の役割を果たしてくよう法人の在り方を見直す観点から、「**経営組織の見直し**」や、定款、計算書類等の公表義務化等の「**事業運営の透明性の向上**」、「**財務規律の強化**」等のため、社会福祉法が改正されました。

引用：厚生労働省　社会福祉法人の事業展開に係るガイドライン

【社会福祉制度の主な変遷】

1951（昭和26）年	社会福祉事業法の制定 ・社会福祉法人制度の創設
2000（平成12）年	社会福祉法の制定 介護保険制度の導入 ・措置制度から契約制度へ転換
2006（平成18）年	公益法人制度改革 ・情報公開の義務付け ・組織の規定の明文化
2016（平成28）年	社会福祉法の改正 ・経営組織のガバナンス強化 ・定款、計算書類等の公表義務化等 ・財務規律の強化 ・地域における公益的な取組の実施

社会福祉法人の組織

社会福祉法人の組織

　一般企業に、取締役や株主、監査役が存在するのと同じように、社会福祉法人にもさまざまな役員や機関が存在します。

　社会福祉法人はこれらの機関が機能し、互いに連携してそれぞれの役割を果たすことで、継続的かつ安定した社会福祉事業を利用者に提供することができます。

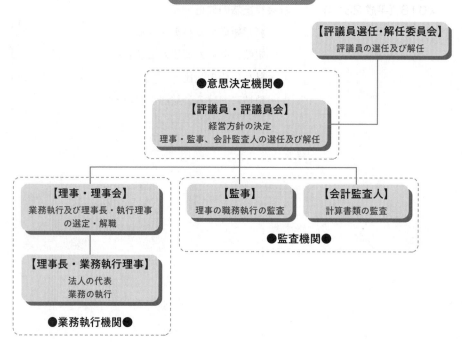

社会福祉法人の経営組織

【評議員選任・解任委員会】
評議員の選任及び解任

●意思決定機関●

【評議員・評議員会】
経営方針の決定
理事・監事、会計監査人の選任及び解任

【理事・理事会】
業務執行及び理事長・執行理事
の選定・解職

【監事】
理事の職務執行の監査

【会計監査人】
計算書類の監査

●監査機関●

【理事長・業務執行理事】
法人の代表
業務の執行

●業務執行機関●

　意思決定機関、業務執行機関、監査機関の３つの機関に権限が分配されることで、内部牽制機能が働きます。

社会福祉法人の機関と権限

社会福祉法人の各機関とその権限は次のとおりです。

機　関	役　割
①評議員 （員数：**理事の員数を超える数**）	評議員会を構成し、意思決定を行う
②評議員会	経営方針の決定 理事、監事及び会計監査人の選任・解任
③理事 （員数：**6人以上**）	理事会を構成し業務執行の意思決定を行う
④理事会	業務執行の決定 理事の職務執行の監督 理事長の選定及び解職
⑤理事長 （員数：**1人**）	社会福祉法人の代表 業務執行
⑥監事 （員数：**2人以上**）	理事の職務執行の監査 計算書類等の監査
⑦評議員選任・解任委員会	評議員の選任と解任
⑧業務執行理事	（対外的な業務以外の）業務執行
⑨会計監査人 （員数：**原則1人**）	計算書類等の監査 特定社会福祉法人*は必ず設置しなければならない

　①～⑥の機関は社会福祉法に基づき社会福祉法人が必ず設置しなくてはならない機関です。

　⑨の会計監査人は、**特定社会福祉法人***については設置義務がありますが、その他の社会福祉法人は任意の設定となっています。

　*特定社会福祉法人とは、前年度決算において収益30億円超又は負債60億円超を計上した法人のことをいいます。

評議員会及び理事会における法定決議事項

評議員会と理事会において決議が必要な事項を、下記の表にまとめました。

評議員会及び理事会における決定決議事項

	理事会	評議員会
決議事項	・評議員会の日時及び場所並びに議題、議案の決定 （法第45条の9第10項、一般社団法人及び一般財団法人に関する法律（以下「一般法人法」という。）第181条） ・理事長及び業務執行理事の選定及び解職 （理事長：法第45条の13第2項第3号、業務執行理事：法第45条の16第2項第2号） ・重要な財産の処分及び譲受け （法第45条の13第4項第1号） ・多額の借財 （法第45条の13第4項第2号） ・重要な役割を担う職員の選任及び解任 （法第45条の13第4項第3号） ・従たる事務所その他の重要な組織の設置、変更及び廃止 （法第45条の13第4項第4号）	・理事、監事、会計監査人の選任 （法第43条） ・理事、監事、会計監査人の解任 （法第45条の4第1項及び第2項）★ ・理事、監事の報酬等の決議 （理事：法第45条の16第4項、一般法人法第89条、監事：法第45条の18第3項、一般法人法第105条） ・理事等の責任の免除 （全ての免除：法第45条の20第4項、一般法人法第112条（※総評議員の同意が必要）、一部の免除：第113条第1項）★ ・役員報酬等基準の承認 （法第45条の35第2項） ・計算書類の承認 （法第45条の30第2項） ・定款の変更 （法第45条の36第1項）★ ・解散の決議 （法第46条第1項第1号）★

	理事会	評議員会
決議事項	・コンプライアンス（法令遵守等）の体制の整備 （法第 45 条の 13 第 4 項第 5 号） ※一定規模を超える法人のみ ・競業及び利益相反取引 （法第 45 条の 16 第 4 項、一般法人法第第 84 条第 1 項） ・計算書類及び事業報告等の承認 （法第 45 条の 28 第 3 項） ・理事会による役員、会計監査人の責任の一部免除 （法第 45 条の 20 第 4 項、一般法人法第 114 条第 1 項） ・その他の重要な業務執行の決定	・合併の承認 （吸収合併消滅法人：法第 52 条、吸収合併存続法人：法第 54 条の 2 第 1 項、法人新設合併：法第 54 条の 8）★ ・社会福祉充実計画の承認 （法第 55 条の 2 第 7 項） ・その他定款で定めた事項 ★：法第 45 条の 9 第 7 項の規定により、議決に加わることができる評議員の三分の二（これを上回る割合を定款で定めた場合にあつては、その割合）以上に当たる多数をもつて決議を行わなければならない事項

4 社会福祉法人と 他の法人組織との違い

さまざまな団体による福祉サービスの提供

第一種社会福祉事業については、行政及び社会福祉法人にしか経営が認められていませんが、第二種社会福祉事業については、行政や社会福祉法人以外の団体でも経営することができます。

特定非営利活動法人（ＮＰＯ法人）やその他の公益法人、社団法人や株式会社などの団体が第二種福祉事業を経営することも増えてきました。

特定非営利活動法人（ＮＰＯ法人）

特定非営利活動法人（ＮＰＯ法人）とは、「不特定かつ多数のものの利益の増進に寄与することを目的とする」非営利団体です。

特定非営利活動法人の活動分野

①保健、医療又は福祉の増進を図る活動

②社会教育の推進を図る活動

③まちづくりの推進を図る活動

④観光の振興を図る活動

⑤農山漁村又は中山間地域の振興を図る活動

⑥学術、文化、芸術又はスポーツの振興を図る活動

⑦環境の保全を図る活動

⑧災害救援活動

⑨地域安全活動

⑩人権の擁護又は平和の推進を図る活動

⑪国際協力の活動

⑫男女共同参画社会の形成の促進を図る活動

⑬子どもの健全育成を図る活動

⑭情報化社会の発展を図る活動

⑮科学技術の振興を図る活動

⑯経済活動の活性化を図る活動

⑰職業能力の開発又は雇用機会の拡充を支援する活動

⑱消費者の保護を図る活動

⑲前各号に掲げる活動を行う団体の運営又は活動に関する連絡、助言又は援助の活動

⑳前各号に掲げる活動に準ずる活動として都道府県又は指定都市の条例で定める活動

　特定非営利活動法人は、設立要件や監督規制について社会福祉法人よりも緩やかになっています。

一般社団法人

　一般社団法人は、「特定の事業を行うため」に設立される非営利団体で、ＮＰＯ法人のように事業の活動に制限はありません。

　また、設立についても社会福祉法人やＮＰＯ法人よりも手続きが簡単で費用も比較的安いことから、設立数も増えています。

株式会社（営利法人）

　株式会社は営利目的で設立された団体です。

　在宅の介護サービスや障害福祉サービス、認可保育所などにおいては、株式会社のような営利目的の団体の参入も認められています。

法人制度比較（要約）

	社会福祉法人	ＮＰＯ法人	株式会社
根拠法	社会福祉法	特定非営利活動推進法	会社法
設立目的	社会福祉事業を行うことを目的として設立された法人	非営利活動を行うことを目的として設立された法人	商行為を行うことを目的として設立された法人
役員	・理事6人以上、監事2人以の設置 ・各理事について親族や理事と特殊な関係にある者が3人または3分の1を超えてはならない	・理事3人以上、監事1人以上の設置	会社規模及び株式の公開等により異なる
評議員会	・設置義務あり ・理事の定数を超える人数が必要	設置義務なし ※社員総会の設置義務あり	設置義務なし ※株主総会の設置義務あり
資産要件	・社会福祉施設を経営する法人にあっては、すべての施設についてその施設の用に供する不動産は基本財産としなければならない	なし	なし

	・社会福祉事業を行うために必要な物件について所有権を持っているか、又は国・地方公共団体からの貸与又は使用許可を受けている必要がある		
出資持分	なし	なし	あり
残余財産の処分	・定款に、残余財産の帰属すべき者に関する規定を設ける場合には、その者は、社会福祉法人その他社会福祉事業を行う者のうちから選定されるようにしなければならない ・定款の規定により処分されない財産は国庫へ帰属する	・定款に、残余財産の帰属すべき者に関する規定を設ける場合には、その者は、特定非営利活動法人その他以下に掲げる者のうちから選定されるようにしなければならない ●国、又は地方公共団体 ●公益法人 ●学校法人、社会福祉法人、更生保護法人	保有株式数に基づき株主に分配

納税制度比較（要約）

	社会福祉法人	ＮＰＯ法人	株式会社
法人税	原則非課税 ※税法上の収益事業に対する課税あり	原則非課税 ※税法上の収益事業に対する課税あり	課税
都道府県（市町村）民税	原則非課税 ※税法上の収益事業に対する課税あり ただし収益の90％以上を社会福祉事業の経営に充てることで非課税となる	課税 ※各自治体独自の減免取扱あり	課税
事業税	原則非課税 ※税法上の収益事業に対する課税あり	原則非課税 ※税法上の収益事業に対する課税あり	課税
固定資産税	社会福祉事業の用途としての固定資産については非課税	課税 ※各自治体独自の減免取扱あり	課税

福祉サービスの提供における社会福祉法人の役割

　福祉サービスは現在、さまざまな団体が提供しています。しかし、その主な担い手はやはり、社会福祉法人です。

　今後の社会福祉法人の事業のあり方として、「利用者の権利擁護」「サービスの質の向上」「地域における公益的な取組の実施」などが期待されています。

社会福祉法人制度
確認テスト

答え：P.234

❶ 社会福祉法人に関する以下の内容が正しいものには○、間違っているものには×を解答欄に記入しなさい。

（1）特定非営利活動法人は、第一種社会福祉事業及び第二種社会福祉事業を経営することが可能である。

（2）社会福祉法人は、社会福祉事業を行うことを目的として設立された法人である。

（3）社会福祉法人制度は、「憲法第89条」に違反するとの批判に対応するため創設された制度である。

（4）社会福祉法人は、公益事業を行うことができるが、収益事業を行うことは禁止されている。

（5）特定非営利活動法人が社会福祉事業を行う場合においては、社会福祉法人と同様に評議員会を設置しなくてはならない。

答案用紙

（1）	（2）	（3）	（4）	（5）

❷ 次の文章の（　　　）に当てはまる適切な語句を記入しなさい。

（1）第一種社会福祉事業は、原則として国や地方公共団体と（　　　　　　　　）
にしか経営することができない。

（2）社会福祉法人の制度改革を目的として平成 28 年に成立した改正社会
福祉法の主な内容に含まれているのは、「経営組織のガバナンス強化」
「定款、計算書類等の公表義務化等」「地域における公益的な取組の実施」
および「（　　　　　　　　　　）」である。

（3）社会福祉法第 24 条（経営の原則）に定められている法人経営におけ
る 3 つの原則とは、「自主的な経営基盤の強化」「事業経営の透明性の
確保」及び「（　　　　　　　　　　　）」である。

（4）2000（平成 12）年の介護保険制度の導入によって一部の福祉サービ
スの利用については措置制度から（　　　　　　）へ移行した。

（5）社会福祉法人を設立するためには、まず（　　　　）を作成し必要事
項を定め、厚生労働省で定める手続きに従って、作成した定款につい
て（　　　　　　　　）を受けなくてはならない。

第2章

社会福祉事業と福祉サービス

❶ 社会福祉法（総則）
❷ 社会福祉事業とは
❸ 福祉サービスの適切な利用

社会福祉事業を営む社会福祉法人は、法令を遵守しなくてはなりません。

　この章では、社会福祉法人が遵守すべき法律である社会福祉法について、重要な条文を中心に学習します。

1 社会福祉法（総則）

社会福祉法第1章 総則の記載事項

社会福祉法の総則には、以下の内容が記載されています。

- 目的（第1条）
- 定義（第2条）

  ※本章第2節「社会福祉事業」で学習します。

- 福祉サービスの基本理念（第3条）

  ※「第3章 法人理念と行動規範」で学習します。

- 地域福祉の推進（第4条）
- 福祉サービスの提供の原則（第5条）

  　　以下省略

目的

　社会福祉法には、社会福祉を目的とする事業の全分野における**共通的基本事項**が定められています。

　また、社会福祉を目的とする他の法律との相乗効果により

- 福祉サービスの利用者の利益の保護
- 地域における社会福祉（以下「地域福祉」という。）の推進
- 社会福祉事業の公明かつ適正な実施の確保
- 社会福祉を目的とする事業の健全な発達

をもって、社会福祉の増進に資することを目的としています。

（法第1条）

地域福祉の推進

　地域福祉の推進は、地域住民との連携によって行われなくてはなりません。

　地域住民と社会福祉法人等は、相互に協力し、福祉サービスを必要とする人が地域社会を構成する一員として日常生活を営み、社会、経済、文化その他あらゆる分野の活動に参加する機会が確保されるように、地域福祉の推進に努めなければならなりません。

（法第4条）

福祉サービスの提供の原則

　社会福祉法人は、その提供する多様な福祉サービスについて、**利用者の意向を十分に尊重し**、地域福祉の推進に係る取組を行う他の地域住民等との連携を図り、かつ、保健医療サービスその他の関連するサービスとの有機的な連携を図るよう創意工夫を行いながら、これを総合的に提供することができるようにその事業の実施に努めなければなりません。

（法第5条）

2 社会福祉事業とは

社会福祉事業の定義

　第1章でも軽く触れていますが、社会福祉事業には、「第一種社会福祉事業」と「第二種社会福祉事業」があります。　　　　　　　　　　　　　　　　**（法第2条）**

【第一種社会福祉事業（抜粋）】

・　生活保護法に規定する救護施設、更生施設その他生計困難者を無料または定額で入所させて生活の扶助を行うことを目的とする施設を経営する事業、及び生活困難者に対して助葬を行う事業

・　児童福祉法に規定する乳児院、母子生活支援施設、児童養護施設、障害児入所施設、児童心理治療施設、又は児童自立支援施設を経営する事業

・　老人福祉法に規定する養護老人ホーム、特別養護老人ホーム又は軽費老人ホームを経営する事業

・　障害者の日常生活及び社会生活を総合的に支援するための法律に規定する障害者支援施設を経営する事業　　等

　第一種社会福祉事業で経営される施設は主に「入所施設」です。

【第二種社会福祉事業（抜粋）】

・　生計困難者に対して、その住居で衣食その他日常の生活必需品若しくはこれに要する金銭を与え、又は生活に関する相談に応ずる事業

・　生活困窮者自立支援法に規定する認定生活困窮者就労訓練事業

・　児童福祉法に規定する障害児通所支援事業、障害児相談支援事業、児童自立生活援助事業、放課後児童健全育成事業、子育て短期支援事業、乳児

家庭全戸訪問事業、養育支援訪問事業、地域子育て支援拠点事業、一時預かり事業、小規模住居型児童養育事業、小規模保育事業、病児保育事業又は子育て援助活動支援事業、同法に規定する助産施設、保育所、児童厚生施設又は児童家庭支援センターを経営する事業及び児童の福祉の増進について相談に応ずる事業

・　就学前の子どもに関する教育、保育等の総合的な提供の推進に関する法律に規定する幼保連携型認定こども園を経営する事業
・　母子及び父子並びに寡婦福祉法に規定する母子家庭日常生活支援事業、父子家庭日常生活支援事業又は寡婦日常生活支援事業及び同法に規定する母子・父子福祉施設を経営する事業
・　老人福祉法に規定する老人居宅介護等事業、老人デイサービス事業、老人短期入所事業、小規模多機能型居宅介護事業、認知症対応型老人共同生活援助事業又は複合型サービス福祉事業及び同法に規定する老人デイサービスセンター、老人短期入所施設、老人福祉センター又は老人介護支援センターを経営する事業
・　障害者の日常生活及び社会生活を総合的に支援するための法律に規定する障害福祉サービス事業、一般相談支援事業、特定相談支援事業又は移動支援事業及び同法に規定する地域活動支援センター又は福祉ホームを経営する事業
・　身体障害者福祉法に規定する身体障害者生活訓練等事業、手話通訳事業又は介助犬訓練事業若しくは聴導犬訓練事業、同法に規定する身体障害者福祉センター、補装具製作施設、盲導犬訓練施設又は視聴覚障害者情報提供施設を経営する事業及び身体障害者の更生相談に応ずる事業　等
・　知的障害者福祉法に規定する知的障害者の更生相談に応ずる事業
・　生計困難者に対して、無料又は低額な費用で介護保険法に規定する介護老人保健施設又は介護医療院を利用させる事業　等

第二種社会福祉事業で経営される施設は主に「通所施設」です。

なお、以下の事業は社会福祉法における社会福祉事業には該当しません。

【社会福祉法における社会福祉事業に該当しない事業】

- ・　更生保護事業法に規定する更生保護事業
- ・　実施期間が6ヶ月を超えない事業
- ・　社団又は組合の行う事業であって、社員又は組合員のための事業
- ・　常時保護を受ける者が、入所させて保護を行う施設は5人、その他の施設は20人（政令で定める事業＊は、10人）に満たない事業
- ・　社会福祉事業の助成を行う事業のうち、助成の金額が毎年度500万円に満たないもの又は助成を受ける社会福祉事業の数が毎年度50に満たない事業

＊政令で定める事業

①　生活困窮者自立支援法（平成二十五年法律第百五号）第十六条第三項に規定する認定生活困窮者就労訓練事業

②　児童福祉法（昭和二十二年法律第百六十四号）第六条の三第十項に規定する小規模保育事業

③　障害者の日常生活及び社会生活を総合的に支援するための法律（平成十七年法律第百二十三号）第五条第二十七項に規定する地域活動支援センターを経営する事業又は同条第一項に規定する障害福祉サービス事業（同条第七項に規定する生活介護、同条第十二項に規定する自立訓練、同条第十三項に規定する就労移行支援又は同条第十四項に規定する就労継続支援を行う事業に限る。）のうち厚生労働省令で定めるもの

経営主体

社会福祉事業のうち、**第一種社会福祉事業は、国、地方公共団体又は社会福祉法人が経営することを原則とします。**　　　　　　　　　　　　　　　　**（法第60条）**

　　第二種社会福祉事業は、ＮＰＯ法人などの民間団体や株式会社でも経営することが可能です。

事業経営の準則

　国、地方公共団体及び社会福祉法人は、次に掲げるところに従い、それぞれの責任を明確にしなければならなりません。

一　国及び地方公共団体は、法律に基づくその責任を他の社会福祉事業を経営する者に転嫁し、又はこれらの者の財政的援助を求めないこと。

二　国及び地方公共団体は、他の社会福祉事業を経営する者に対し、その自主性を重んじ、不当な関与を行わないこと。

三　社会福祉事業を経営する者は、不当に国及び地方公共団体の財政的、管理的援助を仰がないこと。

　ただし、これらの規定は、国又は地方公共団体が、その経営する社会福祉事業について、福祉サービスを必要とする者を施設に入所させることその他の措置を他の社会福祉事業を経営する者に委託することを妨げるものではありません。

（法第61条）

社会福祉法人施設の許可等

　社会福祉法人の多くは、施設を構えて社会福祉事業を行うこととなりますが、施設を設置し事業を開始するためには**都道府県知事**に対して**必要事項の届け出**をし、**許可を受ける必要があります。**

　そのため、社会福祉法においては、施設の設置許可や設置基準等において、さまざまな取り決めがなされています。

　また、施設を持たずに社会福祉事業を行う場合についての取り決めもあわせて確認しておきましょう。

【社会福祉法人施設の許可等について】

		第一種社会福祉事業			
		施設あり		施設なし	
社会福祉法上の施設名	社会福祉施設			－	
届出先	施設設置地の都道府県知事			事業経営地の都道府県知事	
届出の期日	事業開始前まで			事業開始から1ヶ月以内	
届出内容	一　施設の名称及び種類 二　設置者の氏名又は名称、住所、経歴及び資産状況 三　条例、定款その他の基本約款 四　建物その他の設備の規模及び構造 五　事業開始の予定年月日 六　施設の管理者及び実務を担当する幹部職員の氏名及び経歴 七　福祉サービスを必要とする者に対する処遇の方法	法 第62条		一　経営者の名称及び主たる事務所の所在地 二　事業の種類及び内容 三　条例、定款その他の基本約款	法 第67条
届出内容の変更	変更の日から1ヶ月以内に、その旨を当該都道府県知事に届け出	法 第63条		変更の日から1ヶ月以内に、その旨を当該都道府県知事に届け出	法 第68条
施設又は事業の廃止	廃止の日の1ヶ月前までに、その旨を当該都道府県知事に届け出	法 第64条		廃止の日から1ヶ月以内に、その旨を当該都道府県知事に届け出	
施設の設置基準 （都道府県条例で定めるものとする）	一　社会福祉施設に配置する職員及びその員数 二　社会福祉施設に係る居室の床面積 三　社会福祉施設の運営に関する事項であつて、利用者の適切な処遇及び安全の確保並びに秘密の保持に密接に関連するものとして厚生労働省令で定めるもの 四　社会福祉施設の利用定員	法 第65条			
施設管理者の有無	専任の管理者を置かなければならない	法 第66条			

	第二種社会福祉事業				
	施設あり		施設なし		
社会福祉法上の施設名	社会福祉住居施設		－		
届出先	設置した地の都道府県知事		事業経営地の都道府県知事		
届出の期日	事業開始の日から1ヶ月以内		事業開始の日から1ヶ月以内		
届出内容	一　施設の名称及び種類 二　設置者の氏名又は名称、住所、経歴及び資産状況 三　条例、定款その他の基本約款 四　建物その他の設備の規模及び構造 五　事業開始の年月日 六　施設の管理者及び実務を担当する幹部職員の氏名及び経歴 七　福祉サービスを必要とする者に対する処遇の方法	法第68条の2	一　経営者の名称及び主たる事務所の所在地 二　事業の種類及び内容 三　条例、定款その他の基本約款		法第69条
届出内容の変更	変更の日から1ヶ月以内に、その旨を当該都道府県知事に届け出	法第68条の3	変更の日から1ヶ月以内に、その旨を当該都道府県知事に届け出		法第69条2項
施設又は事業の廃止	廃止の日の1ヶ月以内に、その旨を当該都道府県知事に届け出	法第68条の4	廃止の日から1ヶ月以内に、その旨を当該都道府県知事に届け出		
施設の設置基準（都道府県条例で定めるものとする）	一　社会福祉住居施設に配置する職員及びその員数 二　社会福祉住居施設に係る居室の床面積 三　社会福祉住居施設の運営に関する事項であつて、利用者の適切な処遇及び安全の確保並びに秘密の保持に密接に関連するものとして厚生労働省令で定めるもの 四　社会福祉住居施設の利用定員	法第68条の5			
施設管理者の有無	専任の管理者を置かなければならない	法第68条の6			

都道府県知事による調査

施設の設置基準については都道府県の条例で定められますが、社会福祉法人の施設がこの条例に適しているかの確認のため、都道府県知事による調査が実施されます。

【具体的な調査内容】

・経営者に対しての必要と認める事項の報告

・施設、帳簿、書類等の検査

・その他事業経営の状況調査　等

(法第 70 条)

都道府県知事による改善命令

都道府県知事の調査により、施設の設置基準等に適合しないと認められた場合においては、当該基準に適合するよう必要な措置を取らなくてはなりません。

(法第 71 条)

許可の取り消し等

以下のような場合は、許可が取り消されます。

【許可の取り消し】

・都道府県知事が定めた条件に違反し、届け出の変更等に関する規定に違反し、都道府県知事の調査による報告の求めに応ぜず、若しくは虚偽の報告をし、検査若しくは調査を拒み、妨げ、若しくは忌避し、改善命令にも応じず、又はその事業に関し不当に営利を図り、若しくは福祉サービスの提供を受ける者の処遇につき不当な行為をしたと認められた場合。

・第 77 条（利用契約の成立時の書面の交付）又は第 79 条（誇大広告の禁止）の規定に違反したとき。

・不当に営利を図り、若しくは福祉サービスの提供を受ける者の処遇につき不当の行為をしたとき。

(法第 72 条)

市の区域内で行われる隣保事業の特例

　市の区域内で行われる隣保事業について第69条、第70条及び第72条の規定を適用する場合においては、第69条第1項中「及び都道府県」とあるのは「都道府県及び**市**」と、「都道府県知事」とあるのは「**市長**」と、同条第2項、第70条及び72条中「都道府県知事」とあるのは「**市長**」と読み替えるものとします。

（**法第73条**）

　隣保事業（第二種社会福祉事業）とは、隣保館等の施設を設け、その近隣地域における福祉に欠けた住民を対象として、無料又は低額な料金でこれを利用させる等、当該住民の生活の改善及び向上を図るための各種の事業です。

2

社会福祉事業と
福祉サービス

3 福祉サービスの適切な利用

情報の提供

社会福祉事業の経営者は、福祉サービスを利用しようとする人が適切かつ円滑に福祉サービスを利用することができるように、その経営する社会福祉事業に関して情報の提供を行うよう努めなければなりません。

(法第75条)

なお、利用者に向けての情報の提供については、その内容や具体的な方法などを「第10章情報管理と情報公開」で説明しています。

利用契約

社会福祉事業の経営者は、その提供する福祉サービスの利用を希望する人からの申込みがあった場合には、その人に対して、当該福祉サービスを利用するための**契約の内容**及びその**履行に関する事項**について説明をしなくてはなりません。

(法第76条)

また、福祉サービスを利用するための契約が成立したときは、その利用者に対し、遅滞なく、以下に掲げる事項を記載した書面を交付しなければなりません。

【交付書面の記載事項】

- ・ 当該社会福祉事業の経営者の名称及び主たる事務所の所在地
- ・ 当該社会福祉事業の経営者が提供する福祉サービスの内容
- ・ 当該福祉サービスの提供につき利用者が支払うべき額に関する事項
- ・ その他厚生労働省令で定める事項

なお、当該利用者の承認を得られた場合には、書面に変えて電磁的方法により提供することも認められています。

(法第77条)

福祉サービスの向上

社会福祉事業の経営者は、提供する福祉サービスの質の評価を行うことその他の措置を講ずることにより、常に利用者の立場に立って良質かつ適切な福祉サービスを提供するよう努めなければなりません。

(法第78条)

誇大広告の禁止

社会福祉事業の経営者は、その提供する福祉サービスについて広告をするときは、広告された福祉サービスの内容等について、著しく事実に相違する表示をし、又は実際のものよりも著しく優良であり、若しくは有利であると人を誤認させるような表示をしてはなりません。

(法第79条)

苦情の解決

社会福祉事業の経営者は、常に、その提供する福祉サービスについて、利用者等からの苦情の適切な解決に努めなければなりません。

(法第82条)

確認テスト

答え：P.236

❶ 社会福祉法人に関する以下の内容が正しいものには○、間違っているものには×を解答欄に記入しなさい。

（1）第一種社会福祉事業を行うための施設（社会福祉施設）には専任の管理者を置かなければならないが、第二種社会福祉事業を行うための施設（社会福祉住居施設）には専任の管理者を置く必要はない。

（2）福祉サービスを利用するための契約が成立したときは、その利用者に対し、必要事項を記載した書面を交付しなければならないが、利用者の許可があれば書面に変えて電磁的方法により提供することも認められている。

（3）社会福祉事業を経営する者は、国及び地方公共団体に対して、財政的、管理的援助を求めることができる。

（4）施設の設置基準を満たして社会福祉事業を営んでいれば、都道府県知事による調査を拒否してもかまわない。

（5）社会福祉法人は、その提供する多様な福祉サービスについて、利用者の意向を十分に尊重しなくてはならない。

答案用紙

（1）	（2）	（3）	（4）	（5）

❷ 次の文章の（　　　）に当てはまる**適切な語句**を記入しなさい。

（1）社会福祉法人は、施設を設置して、第一種社会福祉事業を経営しよう
とするときは、その事業の開始前までに、その施設を設置しようとす
る地の（　　　　　　　）に、必要な事項を届け出なければならない。

（2）社会福祉法人は、住居の用に供するための施設を設置して、第二種社
会福祉事業を開始したときは、（　　　　　　　）から1ヶ月以内に、
その施設（以下「社会福祉住居施設」という。）を設置した地の都道府
県知事に、必要事項を届け出なければならない。

（3）社会福祉事業の経営者は、福祉サービスを利用しようとする人が適切
かつ円滑に福祉サービスを利用することができるように、その経営す
る社会福祉事業に関して（　　　　　　　）を行うよう努めなければ
ならない。

（4）（　　　　　　　）は、地域住民が相互に人格と個性を尊重し合い
ながら、参加し、共生する地域社会の実現を目指して行われなければ
ならない。

（5）社会福祉事業の経営者は、常に、その提供する福祉サービスについて、
利用者等からの苦情の（　　　　　　　）に努めなければならない。

深刻な 2040 年問題……

「2040 年問題」という言葉をご存じでしょうか？

少子高齢化が進み、2040 年には 65 歳以上の高齢者が 4,000 万人近くに達する見込みとなり、全人口の約 36％が高齢者ということになります。

一方で少子化はどんどん進んでいて、2021 年の出生数は 81 万人であり、ピーク時であった 1970 年代の出生数 200 万人から比較すると半分以下となってしまいました。

この現状を踏まえ、2040 年には

　　　　・社会保障費の財源不足

　　　　・医療、福祉従事者の人材不足

といった深刻な問題が起こると予測されています。これがいわゆる「2040 年問題」なのです。

この問題を解決するための方策の 1 つが「年金改革」です。

健康で元気な高齢者の方々には、積極的に就労を促し、年金を受取る側から納める側になってもらおう、ということですね。

皆さんも、某ハンバーガーショップで元気に働いていらっしゃる高齢者の方々を見かけたことがあるのではないでしょうか？　高齢者の方々がとても楽しそうに活き活きとお仕事をされているのを拝見してびっくりする気持ちと同時に、「自分も長く現役で頑張りたいなぁ……」と思います。

このような背景から、積極的に高齢者の再就職を受け入れている企業がどんどん増えているようです。

人生 100 年時代、そのうち「高齢者」の年齢の定義も変るかもしれませんね……。

 まだまだ現役だぁ！！

第3章

法人理念と行動規範

❶ 福祉サービスの基本理念

❷ 社会福祉法人の行動規範

一般の企業では「企業理念」が掲げられているように、社会福祉法人でも「法人理念」を掲げ、利用者や職員と共有することが大切です。

また、法人理念に基づき、より具体的な「行動規範」を作成し職員に提示することで、職員個人が日々の業務における判断をするさいの手助けになります。

このように「法人理念」や「行動規範」の共有は利用者にとってのサービス利用の選択の際に役に立つだけでなく、職員1人1人が誇りをもって日々の業務に携わるための目標にもなるのです。

1 福祉サービスの基本理念

福祉サービスの基本理念

社会福祉法人のホームページを閲覧すると、そのほとんどが「**法人理念**」や「**経営理念**」を公表しています。

福祉サービスの基本理念について、社会福祉法では以下のように規定しています。

社会福祉法第3条（福祉サービスの基本理念）

福祉サービスは、個人の尊厳の保持を旨とし、その内容は、福祉サービスの利用者が心身ともに健やかに育成され、又はその有する能力に応じ自立した日常生活を営むことができるように支援するものとして、良質かつ適切なものでなければならない。

社会福祉法人がホームページなどでその理念を公表することで、福祉サービスの利用を検討している利用者やその家族が、安心してサービスを利用することが出来ます。

また、理念の公表は、利用者とその家族だけに共有されるものではなく、社会福祉法人で働く職員の方々とも共有をする必要があります。

社会福祉法第3条における福祉サービスの基本理念を踏まえ、各法人が利用者と接するうえで大切にしていることを言葉にしたものが「法人理念」や「経営理念」であり、これらの理念は社会福祉法人で働く職員にとっての行動指針になるものです。

利用者とその家族、そして施設職員の全員で理念を共有することで、福祉サービスのさらなる質の向上につながります。

2 社会福祉法人の行動規範

行動規範とは

　行動規範とは、社会福祉法人組織として大切にしている価値観などを言葉で示したものです。

　前項で述べた「理念」については、どうしても抽象的な表現になってしまいがちですが、理念に基づく具体的な行動規範を定めておくことで、職員は日々の業務においてどのように行動すべきかを自ら判断し、実践することが出来ます。

行動規範の具体例

　前項で記載している社会福祉法第3条には、福祉サービスを提供するうえで「個人の尊厳の保持」が大切だと述べています。

　多くの社会福祉法人では、この「個人の尊厳の保持」について行動規範に盛り込んでいます。

　その他、「サービスの質の向上」や「地域における貢献」なども、行動規範として掲げている法人が多いようです。

【行動規範の具体例】
- ・個人の尊重
- ・人権の擁護
- ・サービスの質の向上
- ・地域との連携
- ・プライバシーの保護
- ・コンプライアンス（法令遵守）の徹底
- ・ガバナンスの強化　等

法人理念と行動規範
確認テスト

❶ 社会福祉法人に関する以下の内容が正しいものには○、間違っているものには×を解答欄に記入しなさい。

（1）社会福祉法人が掲げる理念は、経営陣のみで共有すれば良い。

（2）行動規範とは、福祉サービスの基本理念に基づき各社会福祉法人で掲げている理念を具体化したものである。

（3）当該社会福祉法人が掲げる基本理念や行動規範は、ホームページなどで公表することで、利用者やその家族が安心して福祉サービスを利用することができる。

答案用紙

（1）	（2）	（3）

❷ 次の文章の（　　　）に当てはまる適切な語句を記入しなさい。

（1）福祉サービスは、（　　　　　　　　　　　）を旨とする。

（2）福祉サービスの内容は、福祉サービスの利用者が心身ともに健やかに育成され、又はその有する能力に応じ自立した日常生活を営むことができるように支援するものとして、（　　　　　　　　）なものでなければならない。

第4章

社会福祉法人定款例

❶ 定款の記載事項
❷ 定款例

　定款とは、当該社会福祉法人の目的や組織、業務などを定めた根本原則です。

　社会福祉法人を設立する場合は、定款に社会福祉法で規定する事項を定め、厚生労働省で定める手続きに従い、その定款に定めた内容について所轄庁の認可を受けなくてはなりません。

　この章では、定款に記載すべき事項やその注意点について学習します。

1 定款の記載事項

定款例の記載事項

定款例には各法人の定款に記載されることが一般的に多いと思われる事項について、定款の定め方の一例を記載しています。

各法人の定款の記載内容については、当該定款例の文言に拘束されるものではありませんが、定款において定めることが必要な事項が入っていることと、その内容が法令に沿ったものであることが必要です。

記載事項の種類

定款の記載事項の種類は次の3つがあります。

① **必要的記載事項**

② **相対的記載事項**

③ **任意的記載事項**

① **必要的記載事項**

必要的記載事項とは、**必ず定款に記載しなければならない事項**であり、その1つでも記載が欠けると、定款の効力が生じない事項（**法第31条第1項各号に掲げる事項等**）です。

ただし、内容が法令に沿っていればよいので、当該定款例の文言に拘束されるものではありません。

なお、必要的記載事項の項目は48ページで説明しています。

② **相対的記載事項**

相対的記載事項とは、必要的記載事項と異なり、記載がなくても定款の効力に影響はありません。しかし、**法令上、定款の定めがなければその効力を生じない事項**です。

③　**任意的記載事項**

　任意記載事項とは、**法令に違反しない範囲で任意に記載することができる事**項です。

定款例

社会福祉法人定款例（抜粋）

社会福祉法人の定款例（第1項のみ抜粋）は次のようになります。

社会福祉法人定款例（抜粋）

社会福祉法人〇〇福祉会定款

第一章　総則

（目的）

第一条　この社会福祉法人（以下「法人」という。）は、多様な福祉サービスが
その利用者の意向を尊重して総合的に提供されるよう創意工夫することによ
り、利用者が、個人の尊厳を保持しつつ、自立した生活を地域社会において営
むことができるよう支援することを目的として、次の社会福祉事業を行う。

（名称）

第二条　この法人は、社会福祉法人〇〇福祉会という。

（経営の原則等）

第三条　この法人は、社会福祉事業の主たる担い手としてふさわしい事業を確
実、効果的かつ適正に行うため、自主的にその経営基盤の強化を図るとともに、
その提供する福祉サービスの質の向上並びに事業経営の透明性の確保を図り、
もって地域福祉の推進に努めるものとする。　以下、省略

（事務所の所在地）

第四条　この法人の事務所を〇〇県〇〇市〇丁目〇〇番に置く。

第二章　評議員

（評議員の定数）

第五条　この法人に評議員〇〇名以上〇〇名以内を置く。

（評議員の選任及び解任）

第六条　この法人に評議員選任・解任委員会を置き、評議員の選任及び解任は、
評議員選任・解任委員会において行う。

（評議員の任期）

第七条　評議員の任期は、選任後四年以内に終了する会計年度のうち最終のものに関する定時評議員会の終結の時までとし、再任を妨げない。

（評議員の報酬等）

第八条　評議員に対して、＜例：各年度の総額が○○○○○○円を超えない範囲で、評議員会において別に定める報酬等の支給の基準に従って算定した額を、報酬として＞支給することができる。

第三章　評議員会

（構成）

第九条　評議員会は、全ての評議員をもって構成する。

（権限）

第一〇条　評議員会は、次の事項について決議する。

（開催）

第一一条　評議員会は、定時評議員会として毎年度○月に１回開催するほか、（○月及び）必要がある場合に開催する。

（招集）

第一二条　評議員会は、法令に別段の定めがある場合を除き、理事会の決議に基づき理事長が招集する。

（決議）

第一三条　評議員会の決議は、決議について特別の利害関係を有する評議員を除く評議員の過半数が出席し、その過半数をもって行う。

（議事録）

第一四条　評議員会の議事については、法令で定めるところにより、議事録を作成する。

第四章　役員及び職員

（役員の定数）

第一五条　この法人には、次の役員を置く。

（役員の選任）

第一六条　理事及び監事は、評議員会の決議によって選任する。

（理事の職務及び権限）

第一七条　理事は、理事会を構成し、法令及びこの定款で定めるところにより、職務を執行する。

（監事の職務及び権限）

第一八条　監事は、理事の職務の執行を監査し、法令で定めるところにより、監査報告を作成する。

（役員の任期）

第一九条　理事又は監事の任期は、選任後二年以内に終了する会計年度のうち最終のものに関する定時評議員会の終結の時までとし、再任を妨げない。

（役員の解任）

第二〇条　理事又は監事が、次のいずれかに該当するときは、評議員会の決議によって解任することができる。

（役員の報酬等）

第二一条　理事及び監事に対して、＜例：評議員会において別に定める総額の範囲内で、評議員会において別に定める報酬等の支給の基準に従って算定した額を＞報酬等として支給することができる。

（職員）

第二二条　この法人に、職員を置く。

　　　　第五章　理事会

（構成）

第二三条　理事会は、全ての理事をもって構成する。

（権限）

第二四条　理事会は、次の職務を行う。ただし、日常の業務として理事会が定めるものについては理事長が専決し、これを理事会に報告する。

（招集）

第二五条　理事会は、理事長が招集する。

（決議）

第二六条　理事会の決議は、決議について特別の利害関係を有する理事を除く理事の過半数が出席し、その過半数をもって行う。

（議事録）

第二七条　理事会の議事については、法令で定めるところにより、議事録を作成する。

　　　第六章　資産及び会計

（資産の区分）

第二八条　この法人の資産は、これを分けて基本財産とその他財産の二種とする。

（基本財産の処分）

第二九条　基本財産を処分し、又は担保に供しようとするときは、理事会及び評議員会の承認を得て、〔所轄庁〕の承認を得なければならない。ただし、次の各号に掲げる場合には、〔所轄庁〕の承認は必要としない。

（資産の管理）

第三〇条　この法人の資産は、理事会の定める方法により、理事長が管理する。

（事業計画及び収支予算）

第三一条　この法人の事業計画書及び収支予算書については、毎会計年度開始の日の前日までに、理事長が作成し、理事会の承認、を受けなければならない。これを変更する場合も、同様とする。

（事業報告及び決算）

第三二条　この法人の事業報告及び決算については、毎会計年度終了後、理事長が次の書類を作成し、監事の監査を受けた上で、理事会の承認を受けなければならない。

（会計年度）

第三三条　この法人の会計年度は、毎年四月一日に始まり、翌年三月三一日をもって終わる。

（会計処理の基準）

第三四条　この法人の会計に関しては、法令等及びこの定款に定めのあるもののほか、理事会において定める経理規程により処理する。

（臨機の措置）

第三五条　予算をもって定めるものの外、新たに義務の負担をし又は権利の放棄をしようとするときは、理事総数の三分の二以上の同意がなければならない。

第七章　解散

（解散）

第三六条　この法人は、社会福祉法第四六条第一項第一号及び第三号から第六号までの解散事由により解散する。

（残余財産の帰属）

第三七条　解散（合併又は破産による解散を除く。）した場合における残余財産は、評議員会の決議を得て、社会福祉法人並びに社会福祉事業を行う学校法人及び公益財団法人のうちから選出されたものに帰属する。

第八章　定款の変更

（定款の変更）

第三八条　この定款を変更しようとするときは、評議員会の決議を得て、〔所轄庁〕の認可（社会福祉法第四五条の三六第二項に規定する厚生労働省令で定める事項に係るものを除く。）を受けなければならない。

第九章　公告の方法その他

（公告の方法）

第三九条　この法人の公告は、社会福祉法人〇〇福祉会の掲示場に掲示するとともに、官報、新聞又は電子公告に掲載して行う。

（施行細則）

第四〇条　この定款の施行についての細則は、理事会において定める。

定款記載例の解説

定款の記載例について、記載内容及び記載方法を解説していきます。

なお、以下の解説については 　　　 部分で定款記載例を紹介し、続けて該当部分の解説を記載しています。

　本来の表記は第一条……となりますが、ここからの解説では読みやすくするために第1条……表記をしていきます。

（目的）

第1条　この社会福祉法人（以下「法人」という。）は、多様な福祉サービスがその利用者の意向を尊重して総合的に提供されるよう創意工夫することにより、利用者が、個人の尊厳を保持しつつ、自立した生活を地域社会において営むことができるよう支援することを目的として、次の社会福祉事業を行う。

（1）　第一種社会福祉事業

　　（イ）　障害児入所施設の経営

　　（ロ）　特別養護老人ホームの経営

　　（ハ）　障害者支援施設の経営

（2）　第二種社会福祉事業

　　（イ）　老人デイサービス事業の経営

　　（ロ）　老人介護支援センターの経営

　　（ハ）　保育所の経営

　　　　　以下、省略

Check Point 指導監査ガイドラインⅠ　1-1

定款は、法令等に従い、必要事項が記載されているか

（法第31条第1項）

　指導監査ガイドラインとは、社会福祉法人を運営する上で遵守すべき内容が記載されています（110ページ参照）。

定款の必要的記載事項には下記事項等が該当し、**当該事項の全て**を定款に記載する必要があり、その一つでも記載が欠けると、当該定款の効力は生じません。

【必要的記載事項】
・目的（第１号）　　・名称（第２号）　　・社会福祉事業の種類（第３号）
・事務所の所在地（第４号）　　　・評議員及び評議員会に関する事項（第５号）
・役員の定数その他役員に関する事項（第６号）
・理事会に関する事項（第７号）　・会計監査人に関する事項（第８号）
・資産に関する事項（第９号）　　・会計に関する事項（第10号）
・公益事業の種類（第11号）　　　・収益事業の種類（第12号）
・解散に関する事項（第13号）　　・定款の変更に関する事項（第14号）
・公告の方法（第15号）

Check Point 指導監査ガイドラインⅡ　1-1

定款に従って事業を実施しているか（法第31条第１項）

定款の必要的記載事項として、社会福祉事業、公益事業、収益事業の種類を記載します。社会福祉事業については、第一種社会福祉事業又は第二種社会福祉事業のうちいずれの事業に該当するか、公益事業及び収益事業については、事業の内容が理解できるよう具体的に記載しますが、公益事業のうち、規模が小さく社会福祉事業と一体的に行われる事業又は社会福祉事業の用に供する施設の機能を活用して行う事業については、必ずしも定款の変更を必要としません。

Check Point 指導監査ガイドラインⅡ　2-1

社会福祉事業を行うことを目的とする法人として適正に実施されているか（法第22条、第26条第１項、審査基準第１の１の（１））

法人は、社会福祉事業を行うことを目的として設立されるものであることから、社会福祉事業が法人の行う事業のうちの主たる地位を占めることが必要とされて

いています。原則、**事業活動内訳表におけるサービス活動費用計の比率が法人の全事業のうち50%を超えているか否かで判断されます。**

　なお、地方公共団体が設置した施設の経営の委託を受けその施設を経営する事業も、公益事業ではなく社会福祉事業に該当します（**審査要領第1の1の（4））。**

　法人は、社会福祉事業を行うことを目的として設立されるものであるため、法人の行う社会福祉事業に支障のない範囲であれば、公益事業又は収益事業を行うことができますが、原則として、社会福祉事業の収入を公益事業又は収益事業に充てることはできないものとされています。

　もっとも、各福祉サービスに関する収入については、通知の定めにより、法人本部への繰入れや他の社会福祉事業又は公益事業への充当が一定の範囲で認められています。

（参考）資金の使途制限通知
【措置施設】
「社会福祉法人が経営する社会福祉施設における運営費の運用及び指導について」
（平成16年3月12日付け雇児発第0312001号、社援発第0312001号、老発第0312001号厚生労働省雇用均等・児童家庭局長、社会・援護局長及び老健局長連名通知　最終改正：平成29年3月29日）
【保育所】
「子ども・子育て支援法附則第6条の規定による私立保育所に対する委託費の経理等について」
（平成27年9月3日付け府子本第254号、雇児発 0903第6号内閣府子ども・子育て本部統括官及び厚生労働省雇用均等・児童家庭局長連名通知　最終改正：平成30年4月16日）
【介護施設】
「特別養護老人ホームにおける繰越金等の取扱い等について」
（平成12年3月10日付け老発第188号厚生省老人保健福祉局長通知　最終改正：平成26年6月30日）
【障害者施設】
「障害者自立支援法の施行に伴う移行時特別積立金等の取扱いについて」
（平成18年10月18日付け障発第1018003号厚生労働省社会・援護局障害保健福祉部長通知　最終改正：平成19年3月30日）

4
社会福祉法人定款例

（経営の原則等）

第3条　この法人は、社会福祉事業の主たる担い手としてふさわしい事業を確実、効果的かつ適正に行うため、自主的にその経営基盤の強化を図るとともに、その提供する福祉サービスの質の向上並びに事業経営の透明性の確保を図り、もって地域福祉の推進に努めるものとする。

2　この法人は、地域社会に貢献する取組として、（地域の独居高齢者、子育て世帯、経済的に困窮する者　等）を支援するため、無料又は低額な料金で福祉サービスを積極的に提供するものとする。

Check Point 指導監査ガイドラインⅡ　1-2

地域における公益的な取組を実施しているか（法第24条第2項）

社会福祉法人は地域における公益的な取組を実施する責務を負っています。その要件は、以下のとおりです。

【地域における公益的な取り組みについて】

・　社会福祉事業又は公益事業を行うに当たって提供される福祉サービスであること

・　日常生活又は社会生活上の支援を必要とする者を対象とするものであること

・　無料又は低額な料金で提供されること

（評議員の定数）

第5条　この法人に評議員○○名以上○○名以内を置く。

Check Point 指導監査ガイドラインⅠ　3-(1)-3

評議員の数は、法令及び定款に定める員数となっているか

（法第40条第3項）

評議員の数は定款で定めた理事の員数を超える数でなければなりません。

なお、理事の最低数は6名のため、評議員数は7名以上となります。

（評議員の選任及び解任）

第6条　この法人に評議員選任・解任委員会を置き、評議員の選任及び解任は、評議員選任・解任委員会において行う。

2　評議員選任・解任委員会は、監事○名、事務局員○名、外部委員○名の合計○名で構成する。

3　選任候補者の推薦及び解任の提案は、理事会が行う。評議員選任・解任委員会の運営についての細則は、理事会において定める。

4　選任候補者の推薦及び解任の提案を行う場合には、当該者が評議員として適任及び不適任と判断した理由を委員に説明しなければならない。

5　評議員選任・解任委員会の決議は、委員の過半数が出席し、その過半数をもって行う。ただし、外部委員の○名以上が出席し、かつ、外部委員の○名以上が賛成することを要する。

4

社会福祉法人定款例

Check Point　指導監査ガイドラインⅠ　3-(1)-1

法律の要件を満たす者が適正な手続により選任されているか（法第39条）

　評議員は、「社会福祉法人の適正な運営に必要な識見を有する者」のうちから、定款の定めるところにより選任します。法人と評議員との関係は、委任に関する規定に従うこととされています（**法第38条**）。

　評議員の資格要件は、「必要な識見を有する者」とされていますが、特に制限はなく、社会福祉にある程度精通した人物であれば問題ありません。なお、地域の制限はありません（**FAQ問18、19**）。会計顧問である公認会計士・税理士に関しては、請負業務を行っている場合には評議員にはなれませんが、あくまで顧問として相談・アドバイスのみであれば評議員になることは可能です（**FAQ問21**）。但し、専門家として財務会計に係る体制整備状況の点検等の支援を行う場合、当該支援業務の報告書を提出・公表することになるため、評議員となることはできません（**FAQ問22**）。なお、福祉充実計画の確認は、法人監事又は業務委託先である公認会計士・税理士でも可能なため、評議員である公認会計士・税理士でも

可能であると考えられます。

　評議員の選任及び解任は、評議員選任・解任委員会において行うこととされていますが、委員数に制限はないため**（FAQ問11）**、最低員数の監事1名、事務局員1名（法人職員）、外部委員1名、合計3名と規定した場合、外部委員1名は必ず出席し、賛成でなければ同意は得られないことになります。

　なお、評議員選任・解任委員会の運営細則は理事会で定められますが、選任候補者の推薦及び解任の提案は理事会で行い、その理由を選任委員に説明する必要があります。評議員選任・解任委員会の議事録は、出席委員の署名又は記名の上押印し、10年間保存することが適当とされています**（FAQ問4）**。

Check Point 指導監査ガイドラインⅠ　3-(1)-2

評議員となることができない者又は適当ではない者が選任されていないか（法第40条第1, 2, 4, 5項、第61条第1項、審査基準第3の1の（1）（3）（4）（6））

　評議員会は、役員の選任・解任権や定款変更の承認等、法人の基本的事項の最終議決権を有し、中立・公正な立場から理事等を牽制・監督する役割を担う会議体です。評議員については、**欠格事由**が定められており、**当該法人の役職員との兼務の制限、当該法人の各評議員若しくは各役員との特殊の関係の制限**があります。また、法人の高い公益性に鑑み、法人は暴力団員等の反社会的勢力の者と関わりを持ってはならず、**暴力団員等の反社会的勢力の者が評議員になることはできません**。

【欠格事由（評議員となることができない者）
　1　法人
　2　精神の機能の障害により職務を適正に執行するに当たって必要な知識、判断及び意思疎通を適正に行うことができない者
　3　生活保護法、児童福祉法、老人福祉法、身体障害者福祉法又はこの法律の規定に違反して刑に処せられ、その執行を終わり、又は執行を受けることがなくなるまでの者

4　3のほか、禁固以上の刑に処せられ、その執行を終わり、又は執行を受けることがなくなるまでの者

5　所轄庁の解散命令により解散を命ぜられた法人の解散当時の役員

6　暴力団員又は暴力団員でなくなった日から5年を経過しない者

　　※1～6までの欠格事由は評議員、理事、監事共通です。

7　各評議員又は各役員と特殊の関係にある者

（1）　配偶者

（2）　三親等以内の親族

（3）　厚生労働省令で定める者（規則第2条の7、第2条の8）

8　国の機関、地方公共団体、独立行政法人、国立大学法人、大学共同利用機関法人、地方独立行政法人、特殊法人、認可法人

（評議員の任期）

第7条　評議員の任期は、選任後4年以内に終了する会計年度のうち最終のものに関する定時評議員会の終結の時までとし、再任を妨げない。

2　任期の満了前に退任した評議員の補欠として選任された評議員の任期は、退任した評議員の任期の満了する時までとすることができる。

3　評議員は、第5条に定める定数に足りなくなるときは、任期の満了又は辞任により退任した後も、新たに選任された者が就任するまで、なお評議員としての権利義務を有する。

　評議員の任期は、原則として「**選任後4年以内に終了する事業年度のうち最終のものに関する定時評議員会の終結の時まで**」です。理事の任期の2年に対し2倍の任期としたのは、理事の任期よりも長期とすることにより、その地位を安定的なものとするためです。さらに、定款によってその任期を「**選任後6年以内に終了する事業年度のうち最終のものに関する定時評議員会の終結の時まで**」伸長することもできます。

　評議員の任期を原則の4年とした場合、改選は次のようになります。例えば、令和3年6月10日の定時評議員会の決議によって選任された評議員については、その選任後4年以内に終了する事業年度のうち最終のものは令和7年3月31日ですから、その事業年度のうち最終のものに関する定時評議員会の日までがその評議

員の任期になります。その定時評議員会が令和7年6月25日に開催されると任期は4年を超えることになり、またそれが6月5日に開催されると4年より短い任期になります。

　評議員の任期を単に4年としてしまうと、上記の例では、令和7年6月10日に任期が到来することになり定時評議員会開催の6月25日までの間は評議員が欠けることになってしまうので、4年以内の事業年度のうち最終のものに関する定時評議員会の終結の時を基準に任期が定められています。

（評議員の報酬等）

第8条　評議員に対して、＜例：各年度の総額が○○○○○○円を超えない範囲で、＞評議員会において別に定める報酬等の支給の基準に従って算定した額を、報酬として支給することができる。

（備考1）　無報酬 の場合は、その旨を定めること。なお、費用弁償分については報酬等に含まれない。

（備考2）　民間事業者の役員の報酬等及び従業員の給与、当該法人の経理の状況その他の事情を考慮して、不当に高額なものとならないよう、理事及び監事並びに評議員の勤務形態に応じた報酬等の区分及びその額の算定方法並びに支給の方法及び形態に関する事項を定めた報酬等の支給の基準を定め、公表しなければならない（法第45条の35、第59条の2第1項第2号）。

Check Point 指導監査ガイドラインⅠ　8-(1)-1

評議員の報酬等の額が法令で定めるところ（定款に定める）により定められているか

（法第45条の8第4項により準用される一般法人法第196条）

　「報酬等」とは、報酬、賞与その他の職務遂行の対価として受ける財産上の利益及び退職手当をいいます。評議員会の出席等のための交通費は、実費相当額を支給する場合は報酬には該当しません。

　なお、「**報酬等の額の定め**」と「**支給基準**」は、報酬等の有無にかかわらず、**必ず両方を規定**する必要があります。

第3章　評議員会

（構成）

第9条　評議員会は、全ての評議員をもって構成する。

（権限）

第10条　評議員会は、次の事項について決議する。

（1）　理事及び監事の選任又は解任

（2）　理事及び監事の報酬等の額

（3）　理事及び監事並びに評議員に対する報酬等の支給の基準

（4）　計算書類（貸借対照表及び収支計算書）及び財産目録の承認

（5）　定款の変更

（6）　残余財産の処分

（7）　基本財産の処分

（8）　社会福祉充実計画の承認

（9）　その他評議員会で決議するものとして法令又はこの定款で定められた事項

（備考）（2）については、本定款例のように報酬等の額を定款で定めない場合には、評議員会において決定する必要がある（法第45条の16第4項、一般法人法第89条、法第45条の18第3項、一般法人法第105条第1項）。

（開催）

第11条　評議員会は、定時評議員会として毎年度○月に1回開催するほか、（○月及び）必要がある場合に開催する。

（備考）　定時評議員会は、年に1回、毎会計年度の終了後一定の時期に招集しなければならない（法第45条の9第1項）ので、開催時期を定めておくことが望ましい。なお、「毎年度○月」については、4月～6月までの範囲となる。開催月を指定しない場合は「毎年度○月」を「毎会計年度終了後3ヶ月以内」とすることも差し支えない。他方、臨時評議員会は、必要がある場合には、いつでも、招集することができる。（法第45条の9第2項）。

（招集）

第12条　評議員会は、法令に別段の定めがある場合を除き、理事会の決議に基づき理事長が招集する。

2　評議員は、理事長に対し、評議員会の目的である事項及び招集の理由を示して、評議員会の招集を請求することができる。

評議員会の招集が適正に行われているか（法第45条の９第１項、一般法人法第181条、第182条、規則第２条の12）

　評議員会の招集については、理事会の決議により評議員会の日時及び場所等を定め、理事が評議員会の１週間前（又は定款に定めた期間）までに評議員に書面又は電磁的方法（電子メール等）により通知しなければなりません。

【理事会の決議により定めなければならない事項（招集通知に記載しなければならない事項】
- ・　評議員会の日時及び場所
- ・　評議員会の目的である事項がある場合は当該事項
- ・　評議員会の目的である事項に係る議案

　なお、評議員の全員の同意があるときは、招集の手続を経ることなく評議員会を開催することができることとされています。この場合には招集の通知を省略できますが、評議員会の日時等に関する理事会の決議は省略できません。

　定時評議員会は毎会計年度終了後一定の時期に招集されなければなりません、また、計算書類等については、毎年６月末日までに定時評議員会の承認を受けた若しくは定時評議員会に報告した上で、所轄庁に届出をしなければなりません（**第45条の30、第45条の31、第59条第１項**）。

（決議）
第13条　評議員会の決議は、決議について特別の利害関係を有する評議員を除く評議員の過半数が出席し、その過半数をもって行う。

2　前項の規定にかかわらず、次の決議は、決議について特別の利害関係を有する評議員を除く評議員の＜例：３分の２以上＞に当たる多数をもって行わなければならない。

（1）　監事の解任
（2）　定款の変更
（3）　その他法令で定められた事項

3　理事又は監事を選任する議案を決議するに際しては、各候補者ごとに第１項の決議を行わなければならない。理事又は監事の候補者の合計数が第15条に定める定数を上回る場合には、過半数の賛成を得た候補者の中から得票数の多い順に定数の枠に達するまでの者を選任することとする。

4　第１項及び第２項の規定にかかわらず、評議員（当該事項について議決に加わることができるものに限る。）の全員が書面又は電磁的記録により同意の意思表示をしたときは、評議員会の決議があったものとみなす。

（備考）　第１項については、法第45条の９第６項に基づき、過半数に代えて、これを上回る割合を定款で定めることも可能である（例：理事の解任等）。第２項については、法第45条の９第７項に基づき、３分の２以上に代えて、これを上回る割合を定めることも可能である。

Check Point 指導監査ガイドラインⅠ　3-(2)-2

決議が適正に行われているか（法第45条の９第６項から第８項まで、一般法人法第194条第１項、第195条）

評議員会の決議には、議決に加わることができる評議員の過半数（定款で過半数を上回る割合を定めた場合はその割合以上）の出席が必要とされています。なお、この「議決に加わることができる評議員」には、当該決議に特別の利害関係を有する評議員は含まれません。

評議員会における**普通決議**は、**出席者の過半数の賛成**をもって行い、**特別決議**は、**議決に加わることができる評議員の３分の２以上の賛成**をもって行われる必要があります。

なお、特別決議によって行われることが必要な議案は、以下の通りです。

【特別決議が必要となる議案】
・監事の解任　　・役員等の損害賠償責任の一部免除　　・定款変更
・法人の解散　　・法人の合併契約の承認

理事が評議員会の目的である事項について提案をした場合において、当該提案につき、議決に加わることができる評議員の全員が書面又は電磁的記録により同意の意思表示をしたときは、当該提案を可決する旨の評議員会の決議があったも

のとみなされます（**法第45条の9第10項、一般法人法第194条第1項**）。また、理事が評議員の全員に対して評議員会に報告すべき事項を通知した場合において、当該事項を評議員会に報告することを要しないことにつき評議員の全員が書面又は電磁的記録により同意の意思表示をしたときは、当該事項の評議員会への報告があったとみなされます（**法第45条の9第10項、一般法人法第195条**）。

（議事録）

第14条　評議員会の議事については、法令で定めるところにより、議事録を作成する。

2　出席した評議員及び理事は、前項の議事録に記名押印する。

（備考1）　記名押印ではなく署名とすることも可能。

（備考2）　第2項にかかわらず、議長及び会議に出席した評議員のうちから選出された議事録署名人2名がこれに署名し、又は記名押印することとしても差し支えないこと。

Check Point 指導監査ガイドラインⅠ　3-(2)-3

評議員会について、適正に記録の作成、保存を行っているか

（**法第45条の9第10項、一般法人法第194条第1項、第2項、法第45条の11第1項から第3項まで、規則第2条の15**）

評議員会は、法人の基本的事項についての決議を行う機関であり、その議事内容は法人にとって重要な資料であることから、法人においては、評議員会の決議の内容等について記録した議事録を作成し、評議員及び債権者が閲覧できるようにすることが義務付けられています。

評議員会の議事録は書面又は電磁的記録により作成され、必要事項を記載し、評議員会の日から法人の**主たる事務所に10年間、従たる事務所に5年間**備え置く必要があります。

また、評議員会の決議が省略された場合には、同意の意思表示の書面又は電磁的記録を、**法人の主たる事務所に決議があったとみなされた日から10年間**備え置かなければなりません。

定款に議事録署名人が定められている場合には、定款に従ってその署名又は記名

押印が必要です。

【開催された評議員会の内容に関する議事録の記載事項】

- 評議員会が開催された日時及び場所（当該場所に存しない評議員、理事、監事又は会計監査人が評議員会に出席した場合における当該出席の方法（例：テレビ会議）を含む。）
- 評議員会の議事の経過の要領及びその結果
- 決議を要する事項について特別の利害関係を有する評議員があるときは、当該評議員の氏名
- 法の規定に基づき評議員会において述べられた意見又は発言があるときは、その意見又は発言の内容の概要
- 評議員会に出席した評議員、理事、監事又は会計監査人の氏名又は名称
- 議長の氏名（議長が存する場合に限る。）
- 議事録の作成に係る職務を行った者の氏名

【評議員会の決議を省略した場合（評議員会の決議があったとみなされた場合）の議事録の記載】

- 決議を省略した事項の内容
- 決議を省略した事項の提案をした者の氏名
- 評議員会の決議があったものとみなされた日
- 議事録の作成に係る職務を行った者の氏名

なお、この場合は、全評議員の同意の意思表示の書面又は電磁的記録を事務所に備え置くだけではなく、内容について評議員会の議事録に記載しなければなりません。

【理事の評議員会への報告を省略した場合（報告があったとみなされた場合）の議事録の記載事項】

- 評議員会への報告があったものとみなされた事項の内容
- 評議員会への報告があったものとみなされた日
- 議事録の作成に係る職務を行った者の氏名

なお、この場合は、全評議員の同意の意思表示に係る書面等を事務所に備え置く必要はありません。

第4章 役員及び職員

（役員の定数）

第15条 この法人には、次の役員を置く。

（1）理事 〇〇名以上〇〇名以内

（2）監事 〇〇名以内

2 理事のうち1名を理事長とする。

3 理事長以外の理事のうち、〇名を業務執行理事とする。

（備考）（1）理事は6名以上、監事は2名以上とすること。

（2）理事及び監事の定数は確定数とすることも可能。

（3）業務執行理事については、「理事長以外の理事のうち、〇名を業務執行理事とすることができる。」と定めることも可能。

以下、省略

Check Point 指導監査ガイドラインⅠ 4-(1)-1

法に規定された員数が定款に定められ、その定款に定める員数を満たす選任がされているか（法第44条第3項、第45条の7）

　理事会は、①**法人の業務執行の決定**、②**理事の職務の執行の監督**、③**理事長の選定及び解職**を行うものであり、理事会を構成する理事は、その理事会における意思決定を通じて業務執行の決定又は監督を行うという意味で、法人の運営における重要な役割を担っています。

　定款に定めた員数の3分の1を超える者が欠けたときは、遅滞なく補充しなければなりません。

（役員の選任）

第16条 理事及び監事は、評議員会の決議によって選任する。

2 理事長及び業務執行理事は、理事会の決議によって理事の中から選定する。

監事の選任等については64ページを参照してください。

Check Point 指導監査ガイドラインⅠ　4-(2)-1

理事は法令及び定款に定める手続により選任又は解任されているか（法第43条第1項、第45条の4）

　理事の選任は評議員会の決議により行うこととされています。法人と理事との関係は、評議員と同様に、委任に関する規定に従います（**法第38条**）。そのため、評議員会により選任された者が就任を承諾したことにより、その時点（承諾のときに理事の任期が開始していない場合は任期の開始時）から理事となります。

Check Point 指導監査ガイドラインⅠ　4-(3)-1

理事となることができない者又は適切ではない者が選任されていないか（法第44条第1項、法第40条第1項、第44条第6項）

（参考）　法第61条第1項、第109条から111条まで、審査基準第3の1の(1)、(3)、(4)、(6)

　理事は、理事会の構成員として、法人の業務執行を決定する等法人の運営における重要な役割を担い、その職務を個々の責任に基づいて行うものであることから、当該責任を全うさせるため、理事について、一定の事由が**欠格事由**として定められています。

　理事長や他の理事の職務の執行を監督する役割を果たすため、**各理事と特殊の関係にある者及び当該理事の合計が、理事総数の3分の1（上限は当該理事を含めずに3人）を超えて含まれてはなりません。**

　また、法人の高い公益性に鑑み、暴力団員等の反社会的勢力の者と関わりを持ってはならず、**評議員と同様に暴力団員等の反社会的勢力の者が理事になることはできません。**

理事として含まれていなければならない者が選任されているか
（法第44条第4項）

　理事のうちには、「社会福祉事業の経営に関する識見を有する者」及び「当該社会福祉法人が行う事業の区域における福祉に関する実情に通じている者」が含まれている必要があります。また、施設を設置している法人は、施設経営の実態を法人運営に反映させるため、**「施設の管理者」が理事として選任されている必要があります。**

　「福祉事業経営に識見を有する者」及び「区域における福祉の実情に通じている者」については、法人において、それぞれ「社会福祉事業の経営に関する識見を有する者」及び「当該社会福祉法人が行う事業の区域における福祉に関する実情に通じている者」として適正な手続により選任されていれば問題ありません。

理事長及び業務執行理事は理事会で選定されているか
（法第45条の13第3項、第45条の16第2項）

　理事長は、法人の代表権（法人の業務に関する一切の裁判上又は裁判外の行為を対外的にする権限を有するとともに、対内的に法人の業務を執行する権限も有するものであり、理事会で理事の中から選定されなければなりません。

　なお、平成28年改正法の施行後においては、法律上、**法人の代表権を有する者は理事長のみ**とされ、理事長の代表権を他の者に委任することはできません（理事長の職務代行者を定め、職務代行者名で法人の代表権を行使できることとする旨の定款の記載は無効となりました。）。また、法人の代表者の登記については、法に定める理事長以外の者を代表者として登記することもできません。

　理事長の他に、理事の中から法人の業務を執行する理事（**業務執行理事**）を理事会で選定することは可能です。ただし、**業務執行理事は、法人の代表権を有しない**ため、法人の対外的な業務を執行することはできません。

（理事の職務及び権限）

第17条　理事は、理事会を構成し、法令及びこの定款で定めるところにより、職務を執行する。

2　理事長は、法令及びこの定款で定めるところにより、この法人を代表し、その業務を執行し、業務執行理事は、＜例：理事会において別に定めるところにより、この法人の業務を分担執行する。＞

3　理事長及び業務執行理事は、3箇月に1回以上、自己の職務の執行の状況を理事会に報告しなければならない。

（備考）　理事長及び業務執行理事の自己の職務の執行の状況を理事会に報告する頻度については、定款で、毎会計年度に4月を超える間隔で2回以上とすることも可能である（法第45条の16第3項）。

Check Point 指導監査ガイドラインⅠ　6-(1)-4

法令又は定款に定めるところにより、理事長等が、職務の執行状況について、理事会に報告をしているか（法第45条の16第3項）

　この業務執行報告は、実際に開催された理事会（決議の省略によらない理事会）において行わなければなりません。

　また、定款で理事長及び業務執行理事の報告を「毎会計年度に4ヶ月を超える間隔で2回以上」と定めた場合、同一の会計年度の中では理事会の間隔が4ヶ月を超えている必要がありますが、会計年度をまたいだ場合、前回理事会から4ヶ月を超える間隔が空いていなくても問題ありません。

　なお、理事の理事会への報告事項については、理事及び監事の全員に当該事項を通知したときは、当該事項の理事会への報告は不要とされています（**法第45条の14第9項、一般法人法第98条第1項**）。

　例えば、同条第1項の規定により報告を省略できるものとしては、競業又は利益相反取引をした理事の当該取引に関する報告（**法第45条の16第4項、一般法人法第92条第2項**）があります。

なお、上記の理事長及び業務執行理事による職務の執行状況の定期的な報告については、この規定は適用されないため（**同条第２項**）、必ず実際に開催された理事会において報告を行う必要があります。

> **（監事の職務及び権限）**
> **第18条**　監事は、理事の職務の執行を監査し、法令で定めるところにより、監査報告を作成する。
> **2**　監事は、いつでも、理事及び職員に対して事業の報告を求め、この法人の業務及び財産の状況の調査をすることができる。

Check Point　指導監査ガイドラインⅠ　5-(1)-1

法に規定された員数が定款に定められ、その定款に定める員数を満たす選任がされているか
（法第44条第３項、第45条の７第２項による第１項の準用）

　監事は、理事の職務の執行を監査し、監査報告を作成するとともに（**法第45条の18第１項**）、いつでも理事及び職員に対して事業の報告を求め、又は当該法人の業務及び財産の状況を調査することができ（**同条第２項**）、適正な法人運営の確保に関する重要な役割を担っています。
　定款に定めた員数の３分の１を超える**者が欠けたとき**は、遅滞なく補充しなければなりません。

Check Point　指導監査ガイドラインⅠ　5-(2)-1

法令及び定款に定める手続により選任又は解任されているか
（法第43条第１項、同条第３項、一般法人法第72条第１項、法第45条の４第１項、第45条の９第７項第１号）

　監事の選任は**評議員会の決議**により行うこととされています。理事会が監事の選任に関する議案を評議員会に提出するためには、監事が理事の職務の執行（理事

会の構成員として行う行為を含む。）を監査する立場にあることに鑑み、その独立性を確保するため、**監事の過半数の同意を得なければなりません。**

　法人と監事との関係は、評議員や理事と同様に、委任に関する規定に従います（**法第38条**）。そのため、評議員会により選任された者が就任を承諾することで、その時点（承諾のときに監事の任期が開始していない場合は任期の開始時）から監事となります。

Check Point 指導監査ガイドラインⅠ　5-(2)-2
監事となることができない者が選任されていないか
（法第40条第2項、第44条第2項、第7項）

　監事は、適正な法人運営の確保に関する重要な役割を担っていることから、**欠格事由**が定められるとともに（**法第44条第1項、法第40条第1項**）、理事の職務の執行を監査する役割を果たすため、**理事又は職員を兼ねることはできないこと、各理事と特殊の関係にある者が含まれていてはならないこと、**また、複数（2人以上）の監事がそれぞれ独立して職務を執行することから**他の監事と特殊の関係にある者が含まれていてはならないこと**が定められています。

　さらに、法人の高い公益性に鑑み、暴力団員等の反社会的勢力の者と関わりを持ってはならないものであり、**評議員や理事と同様に暴力団員等の反社会的勢力者が監事になることはできません。**

Check Point 指導監査ガイドラインⅠ　5-(2)-3
法に定める者が含まれているか（法第44条第5項）

　監事は、監査を行うに当たり、法人の業務及び財産の状況を確認するものであることから、「社会福祉事業について識見を有する者」及び「財務管理について識見を有する者」が含まれている必要があります。

　「社会福祉事業について識見を有する者」についての審査要領の記載（**第3の（1）**）は例示であって、それらの者に限定されるものではなく、また、それらの者が必

ず含まれなければならないものでもありません。

「財務管理について識見を有する者」については、公認会計士又は税理士が望ましいとされています（**審査基準第3の4の（5）**）。また、民間企業等の他法人において財務・経理を担当した経験を有する者など法人経営に専門的知見を有する者も考えられます。

Check Point 指導監査ガイドラインⅠ　5-(3)-1

法令に定めるところにより業務を行っているか（法第45条の18第1項、第45条の28第1項及び第2項、規則第2条の26から第2条の28まで、第2条の31、第2条の34から第2条の37まで）

監事は、理事の職務の執行を監査し、監査報告を作成しなければなりません。

毎会計年度の計算書類及び事業報告並びにこれらの附属明細書は、厚生労働省令に定めるところにより、監事の監査を受けなければならず、計算書類及びその附属明細書（計算関係書類の監査と、事業報告及びその附属明細書（以下「事業報告等」という。）の監査について、それぞれ監査報告の内容及びその作成等の手続に関する規定が法及び規則に設けられています。

監事の監査については、計算関係書類の監査と事業報告等の監査のそれぞれについて、監査報告の内容を理事等に通知する監事（特定監事）を定めることができます（この監事を定めない場合は、全ての監事が通知を行うこととなります）。

計算関係書類の監査については、会計監査人設置法人では、計算関係書類に係る会計監査人の会計監査報告があることを前提として監事の監査が行われるため、会計監査人設置法人と会計監査人非設置法人とで監査の内容は異なります。

会計監査人非設置法人の計算関係書類についての監査報告の内容及び手続は、次のとおりです。

【監査報告の内容】

　1　監事の監査の方法及びその内容

　2　計算関係書類が当該法人の財産、収支及び純資産の増減の状況を全ての重要な点において適正に表示しているかどうかについての意見

> 3　監査のため必要な調査ができなかったときは、その旨及びその理由
> 4　追記情報
> （1）　会計方針の変更
> （2）　重要な偶発事象
> （3）　重要な後発事象のうち、監事の判断に関して説明を付す必要がある事項又は計算関係書類の内容のうち強調する必要がある事項
> 5　監査報告を作成した日

特定監事は、**次に掲げる日のいずれか遅い日までに**、特定理事に対し、計算関係書類についての監査報告の内容を通知しなければなりません。

　1　計算書類の全部を受領した日から4週間を経過した日
　2　計算書類の附属明細書を受領した日から1週間を経過した日
　3　特定理事及び特定監事が合意により定めた日（合意がある場合）

監事は、理事の職務の執行を監査する役割を有し、毎年度の監査報告の作成の義務を負うとともに、**以下の義務を負っています**（**法第45条の18第3項、一般法人法第100条から第102条まで**）。

　1　理事の不正の行為がある若しくは当該行為をするおそれがあると認められる場合、又は法令、定款違反の事実若しくは著しく不当な事実があると認める場合は、遅滞なくその旨を理事会に報告すること。
　2　理事会に出席し、必要がある場合には意見を述べなければならないこと。
　3　理事が評議員会に提出しようとする議案、書類、電磁的記録その他の資料を調査すること。この場合、法令違反等の事実があると認めるときはその調査結果を評議員会に報告すること。

監事の職務執行としては、理事会への出席に加え、行政による指導監査の立会、外部監査の立会並びに外部監査人からの報告受諾、入札等手続きの立会等があります。

なお、顧問税理士等が法人から委託を受けて記帳代行業務や税理士業務を行う場合に、計算書類等を作成する立場にある者が当該計算書類等を監査するという自

己点検に当たるため、これらの者は原則として監事には就任できませんが、法律面や経営面のアドバイスのみを行う契約となっている場合については、監事に就任することは可能です。（FAQ 問38（答）2.）

（役員の任期）
第19条　理事又は監事の任期は、選任後2年以内に終了する会計年度のうち最終のものに関する定時評議員会の終結の時までとし、再任を妨げない。
2　理事又は監事は、第15条に定める定数に足りなくなるときは、任期の満了又は辞任により退任した後も、新たに選任された者が就任するまで、なお理事又は監事としての権利義務を有する。
（備考2）　理事の任期は、定款によって短縮することもできる（法第45条）。
　　　　　法第45条に基づき、補欠理事又は監事の任期を退任した理事又は監事の任期満了時までとする場合には、第1項の次に次の一項を加えること。
　　　　　2　補欠として選任された理事又は監事の任期は、前任者の任期の満了する時までとすることができる。

　役員（理事又は監事）の任期は、原則として「**選任後2年以内に終了する事業年度のうち最終のものに関する定時評議員会の終結の時まで**」となっています。
　ただし、定款によってその任期を短縮することも可能です。
　また、理事及び監事を再任することは差し支えがなく、期間的な期限もありません。

（役員の解任）
第20条　理事又は監事が、次のいずれかに該当するときは、評議員会の決議によって解任することができる。
（1）　職務上の義務に違反し、又は職務を怠ったとき。
（2）　心身の故障のため、職務の執行に支障があり、又はこれに堪えないとき。

　理事の解任は、「職務上の義務に違反し、又は職務を怠ったとき」、「心身の故障のため、職務の執行に支障があり、又はこれに堪えないとき」のいずれかに該当

するときに、**評議員会の決議**により行います。安定的な法人運営や利用者の処遇に及ぼす影響が大きいことから、評議員会によって解任権が濫用されることがあってはなりません。そのため、理事が形式的に職務上の義務に違反し又は職務を懈怠したという事実や健康状態のみをもって解任することはできません。現に法人運営に重大な損害を及ぼし、又は、適正な事業運営を阻害するような、理事等の不適正な行為など重大な義務違反等がある場合に限定されるものと解されます。

　また、監事の解任については、**評議員会の特別決議**により行います。

（役員の報酬等）

第21条　理事及び監事に対して、＜例：評議員会において別に定める総額の範囲内で、評議員会において別に定める報酬等の支給の基準に従って算定した額を＞報酬等として支給することができる。

（備考２）　第１項のとおり、理事及び監事の報酬等の額について定款に定めないときは、評議員会の決議によって定める必要がある。

（備考３）　費用弁償分については報酬等に含まれない。

Check Point 指導監査ガイドラインⅠ　8-(1)-2、3

　理事・監事の報酬等の額が法令で定めるところ（定款又は評議員会の決議）により定められているか

（法第45条の16第４項、一般法人法第89条及び法第45条の18第３項、一般法人法105条第１項、第２項）

　理事の報酬等の額は、定款にその額を定めていない場合には、評議員会の決議によって定めるとされていることから、定款に理事の報酬等の額の定めがない場合には、評議員会の決議によって定めることとなります。なお、理事の報酬等について、定款にその額を定めていない場合であって、その報酬について無報酬とする場合には、評議員会で無報酬であることを決議する必要があります。

　また、監事の報酬等の額についても、理事の報酬等の額と同様の取扱いとなっています。定款又は評議員会の決議によって監事の報酬総額のみが決定されている

ときは、その具体的な配分は、監事の協議により定めます。この監事の協議は全員一致の決定による必要があります。

【役員等又は評議員の社会福祉法人に対する損害賠償責任】

理事、監事若しくは会計監査人又は評議員は、その任務を怠つたときは、社会福祉法人に対し、これによつて生じた損害を賠償する責任を負います（**法第45条の20**）。

なお、その際、理事、監事、会計監査人においては、責任を減免したり、責任額の上限を規定することができます。社会福祉法人制度改革の施行に伴う定款変更に係る事務の取扱いについて（**社会・援護局福祉基盤課事務連絡平成28年11月11日**）の別紙社会福祉法人制度改革の施行に伴う定款変更に関するQ&Aの記載例は、以下の通りです。

別紙：記載例

（問８）第45条の20第４項で準用する一般法人法第114条第１項で規定する理事、監事又は会計監査人の責任の免除規定について、どのように定めればよいか。

（答）

１．以下の例を参考に定めること。

（責任の免除）

第○条　理事、監事又は会計監査人が任務を怠ったことによって生じた損害について社会福祉法人に対し賠償する責任は、職務を行うにつき善意でかつ重大な過失がなく、その原因や職務執行状況などの事情を勘案して特に必要と認める場合には、社会福祉法第45条の20第４項において準用する一般社団法人及び一般財団法人に関する法律第113条第１項の規定により免除することができる額を限度として理事会の決議によって免除することができる。

（問９）第45条の20第４項で準用する一般法人法第115条で規定する責任限定契約は定款においてどのように定めれば良いか。

（答）

１．以下の例を参考に定めること。

（責任限定契約）

第○条　理事（理事長、業務執行理事、業務を執行したその他の理事又は当該社会福祉法人の職員でないものに限る。）、監事又は会計監査人（以下この条において「非業務執行理事等」という。）が任務を怠ったことによって生じた損害について社会福祉法人に対し賠償する責任は、当該非業務執行理事等が職務を行うにつき善意でかつ重大な過失がないときは、金

○○万円以上であらかじめ定めた額と社会福祉法第45条の20第4項において準用する一般社団法人及び一般財団法人に関する法律第113条第1項第2号で定める額とのいずれか高い額を限度とする旨の契約を非業務執行理事等と締結することができる。

2．なお、「あらかじめ定めた額」は、責任限定契約書において定めることなどが考えられる。

（職員）

第22条　この法人に、職員を置く。

2　この法人の設置経営する施設の長他の重要な職員（以下「施設長等」という。）は、理事会において、選任及び解任する。

3　施設長等以外の職員は、理事長が任免する。

Check Point 指導監査ガイドラインⅢ　1-1

法令に従い、職員の任免等人事管理を行っているか

（法第45条の13第4項第3号）

　職員の任免は、理事会で定める規程あるいは個別の決議により、その決定を理事長等に委ねることができますが、**施設長等の「重要な役割を担う職員」の選任及び解任については**、法人の事業運営への影響が大きいことから、その決定を理事長等に委任することはできず、**理事会の決議により決定される**必要があります。

第5章　理事会

（構成）

第23条　理事会は、全ての理事をもって構成する。

（権限）

第24条　理事会は、次の職務を行う。ただし、日常の業務として理事会が定めるものについては理事長が専決し、これを理事会に報告する。

（1）　この法人の業務執行の決定

（2）　理事の職務の執行の監督

（3）　理事長及び業務執行理事の選定及び解職

（備考）（1）「日常の業務として理事会が定めるもの」の例としては、次のような業務がある。なお、これらは例示であって、法人運営に重大な影響があるものを除き、これら以外の業務であっても理事会において定めることは差し支えないこと。

① 「施設長等の任免その他重要な人事」を除く職員の任免

（注）理事長が専決できる人事の範囲については、法人としての判断により決定することが必要であるので、理事会があらかじめ法人の定款細則等に規定しておくこと。

② 職員の日常の労務管理・福利厚生に関すること

③ 債権の免除・効力の変更のうち、当該処分が法人に有利であると認められるもの、その他やむを得ない特別の理由があると認められるもの

ただし、法人運営に重大な影響があるものを除く。

④ 設備資金の借入に係る契約であって予算の範囲内のもの

⑤ 建設工事請負や物品納入等の契約のうち次のような軽微なもの

ア 日常的に消費する給食材料、消耗品等の日々の購入

イ 施設設備の保守管理、物品の修理等

ウ 緊急を要する物品の購入等

（注）理事長が専決できる契約の金額及び範囲については、随意契約によることができる場合の基準も参酌しながら、法人の判断により決定することが必要であるので、理事会があらかじめ法人の定款細則等に規定しておくこと。

⑥ 基本財産以外の固定資産の取得及び改良等のための支出並びにこれらの処分

ただし、法人運営に重大な影響があるものを除く。

（注）理事長が専決できる取得等の範囲については、法人の判断により決定することが必要であるので、理事会があらかじめ法人の定款細則等に規定しておくこと。

⑦ 損傷その他の理由により不要となった物品又は修理を加えても使用に耐えないと認められる物品の売却又は廃棄

ただし、法人運営に重大な影響がある固定資産を除く。

（注）理事長が専決で処分できる固定資産等の範囲については、法人の判断により決定することが必要であるので、理事会があらかじめ法人の定款細則等に規定しておくこと。

⑧ 予算上の予備費の支出

⑨ 入所者・利用者の日常の処遇に関すること

⑩ 入所者の預り金の日常の管理に関すること

⑪ 寄付金の受入れに関する決定

ただし、法人運営に重大な影響があるものを除く。

（注）寄付金の募集に関する事項は専決できないこと。

なお、これらの中には諸規程において定める契約担当者に委任されるものも含まれる。

Check Point 指導監査ガイドラインⅠ　6-(1)-3

理事への権限の委任は適切に行われているか

（法第45条の13第4項）

　理事会の権限である法人の業務執行の決定（**法第45条の13第2項第1号**）を、理事長等に委任することはできますが、法人運営に関する重要な事項及び理事（特に理事長や業務執行理事）の職務の執行の監督に必要な事項等については、理事会で決定されなければならず、理事長等にその権限を委任することはできません。

　なお、理事会の権限の理事への委任は、理事会で定める規程あるいは個別の決議によって行うことができ、法令上、必ずしも規程によらなければならないわけではありませんが、権限の明確化のため、規程等で定めるべきとされています。

【理事に委任することができない事項】
- ・　重要な財産の処分及び譲受け
- ・　多額の借財
- ・　重要な役割を担う職員の選任及び解任
- ・　従たる事務所その他の重要な組織の設置、変更及び廃止
- ・　内部管理体制の整備
- ・　役員等の損害賠償責任の一部免除
- ・　役員、会計監査人に対する補償契約及び役員、会計監査人のために維持される保険契約の内容の決定

（招集）

第25条　理事会は、理事長が招集する。

2　理事長が欠けたとき又は理事長に事故があるときは、**各理事が理事会を招集する。**

Check Point 指導監査ガイドラインⅠ　6-(1)-1

理事会は法令及び定款の定めに従って開催されているか（法第45条の14第1項、同条第9項、一般法人法第94条第1項、第2項）

理事会は、各理事（理事会を招集する理事を定款又は理事会で定めたときは、その理事）が招集することとされています。また、理事会を招集する理事を定款又は理事会で定めたときは、その他の理事は招集権者である理事に対して、理事会の目的である事項を示して、理事会の招集を請求することができ**（同条第2項）**、当該請求があった場合には、請求日から5日以内に、理事会の招集通知（請求日から2週間以内の日に理事会を開催するものである必要がある。）が発せられない場合には、その請求をした理事が理事会を招集することができます**（同条第3項）**。

　理事会を招集する者は、理事会の日の1週間前（これを下回る期間を定款で定めた場合にあってはその期間）までに、各理事及び各監事に対してその通知を発出しなければなりません。ただし、理事及び監事の全員の同意があるときは、招集通知を発出せずに理事会を開催することができます。なお、理事会の招集通知は、各監事（監事の全員）に対しても発出しなければなりません。

（決議）

第26条　理事会の決議は、決議について特別の利害関係を有する理事を除く理事の過半数が出席し、その過半数をもって行う。

2　前項の規定にかかわらず、理事（当該事項について議決に加わることができるものに限る。）の全員が書面又は電磁的記録により同意の意思表示をしたとき（監事が当該提案について異議を述べたときを除く。）は、理事会の決議があったものとみなす。

（備考）　第1項については、法第45条の14第4項に基づき、過半数に代えて、これを上回る割合を定款で定めることも可能である。

Check Point　指導監査ガイドラインⅠ　6-(1)-2

理事会の決議は、法令及び定款に定めるところにより行われているか（法第45条の14第4項、第5項）

　理事会の決議は、必要な数の理事が出席し、必要な数の賛成をもって行われる必要があります。法律上、決議に必要な出席者数（定足数）は議決に加わることの

できる理事の過半数であり、決議に必要な賛成数は出席した理事の過半数ですが、定足数及び賛成数は定款の相対的記載事項であり、定款に過半数を超える割合を定めた場合には、その割合となります。なお、定款においては、特定の議案に関する決議についてのみ、過半数を超える割合とすることを定めることもできます。

【理事会の決議事項】
- ・　評議員会の日時及び場所並びに議題・議案の決定
- ・　理事長及び業務執行理事の選定及び解職
- ・　重要な役割を担う職員の選任及び解任
- ・　従たる事務所その他の重要な組織の設置、変更及び廃止
- ・　内部管理体制の整備（特定社会福祉法人のみ）
- ・　競業及び利益相反取引の承認
- ・　計算書類及び事業報告等の承認
- ・　役員、会計監査人の責任の一部免除（定款に定めがある場合に限る。）
- ・　その他重要な業務執行の決定（理事長等に委任されていない業務執行の決定）
- ・　役員、会計監査人に対する補償契約及び役員、会計監査人のために維持される保険契約の内容の決定

　理事会の決議には、決議に特別の利害関係を有する理事が加わることができません。なお、「特別の利害関係」とは、理事が、その決議について、法人に対する忠実義務（**法第45条の16第1項**）を履行することが困難と認められる利害関係を意味するものであり、「特別の利害関係」がある場合としては、理事の競業取引や利益相反取引の承認（**法第45条の16第4項、一般法人法第84条第1項**）や理事の損害賠償責任の一部免除の決議（**法第45条の20第4項、一般法人法第114条第1項（法人の定款に規定がある場合に限る。）**）等の場合があります。

　平成28年改正法の施行前は、定款に定めることにより、欠席した理事の書面による議決権の行使（書面議決）が認められていましたが、平成28年改正法の施行後は、理事会における議決は対面（テレビ会議等によることを含む。）により行うこととされており、書面議決の方法によることはできなくなりました。

　なお、定款に、理事会の議案について、理事の全員の事前の同意の意思表示があ

る場合には理事会の議決を省略することは認められているため、この定めがある
ときは、理事の全員の事前の同意の意思表示により、当該議案について理事会の
決議があったとみなされます（**法第45条の14第9項、一般法人法第96条**）。こ
の場合には、理事会の決議が省略されたことが理事会議事録の記載事項となり（**規
則第2条の17第4項第1号**）、理事の全員の意思表示を記す書面又は電磁的記録
は、**決議があったとみなされた日から10年間**主たる事務所に備え置かなければな
りません（**法第45条の15第1項**）。また、当該提案について監事が異議を述べた
ときは、決議要件を満たさないため、監事からも事前に同意の書面を徴収するこ
とが望ましいとされています。

（議事録）

**第27条　理事会の議事については、法令で定めるところにより、議事録を作成
する。**

2　出席した理事及び監事は、前項の議事録に記名押印する。

（備考1）　記名押印ではなく署名とすることも可能。

（備考2）　定款で、署名し、又は記名押印する者を、当該理事会に出席した理事長及び監事と
することもできる（法第45条の14第6項）。

Check Point 指導監査ガイドラインⅠ　6-(2)-1

法令で定めるところにより議事録が作成され、保存されているか
（法第45条の14第6項、第7項、第45条の15第1項）

理事会は、法人の業務執行の決定等を決議により行う重要な機関であり、その決
議の内容については、適切に記録される必要があるため、法令により議事録の内
容及び作成手続が定められています。

【議事録の記載事項（規則第2条の17第3項）】

1　理事会が開催された日時及び場所（当該場所に存しない理事、監事又は会計
監査人が理事会に出席した場合における当該出席の方法（例：テレビ会議）を
含む。）

2　理事会が次に掲げるいずれかに該当するときは、その旨

（1）　招集権者以外の理事が招集を請求したことにより招集されたもの（法第45条の14第2項）

（2）　招集権者以外の理事が招集したもの（法第45条の14第3項）

（3）　監事が招集を請求したことにより招集されたもの（法第45条の18第3項、一般法人法第101条第2項）

（4）　監事が招集したもの（法第45条の18第3項、一般法人法第101条第3項）

3　理事会の議事の経過の要領及びその結果

4　決議を要する事項について特別の利害関係を有する理事があるときは、当該理事の氏名

5　次に掲げる規定により理事会において述べられた意見又は発言があるときは、その意見又は発言の内容の概要

（1）　競業又は利益相反取引を行った理事による報告（法第45条の16第4項、一般法人法第92条第2項）

（2）　理事が不正の行為をし、若しくは当該行為をするおそれがあると認めるとき、又は法令若しくは定款に違反する事実若しくは著しく不当な事実があると認めるときの監事の報告（法第45条の18第3項、一般法人法第100条）

（3）　理事会において、監事が必要があると認めた場合に行う監事の意見（法第45条の18第3項、一般法人法第101条第1項）

6　理事長が定款の定めにより議事録署名人とされている場合（法第45条の14第6項）の、理事長以外の出席した理事の氏名

7　理事会に出席した会計監査人の氏名又は名称（監査法人の場合）

8　議長の氏名（議長が存する場合）

　理事全員の同意により理事会の決議を省略した場合（法第45条の14第9項、一般法人法第96条）は、理事会において実際の決議があったものではありませんが、次の事項を議事録に記載します（規則第2条の17第4項第1号）。

①　理事会の決議があったものとみなされた事項の内容

②　①の事項の提案をした理事の氏名

理事、監事及び会計監査人が、理事会への報告事項について報告を要しないこととされた場合（法第45条の14第9項、一般法人法第98条第1項）は、理事会において実際に報告があったものではありませんが、**次の事項**を議事録に記載します（**規則第2条の17第4項第2号**）。

議事録については、その真正性を確保するため、出席者の署名又は記名押印に関する規定が設けられています。法律上、出席した理事及び監事全員の署名又は記名押印が必要とされていますが、議事録署名人の範囲は定款の相対的記載事項であり、定款に定めることにより、理事全員ではなく理事長のみの署名又は記名押印で足りることとなります。なお、議事録は、書面又は電磁的記録により作成します（**規則第2条の17第2項**）が、電磁的記録により作成する場合には、署名又は記名押印の代わりに電子署名をすること（**規則第2条の18第1項第1号、第2項**）が必要となります。

理事会は、法人の業務執行の決定等の法人運営に関する重要な決定を行うものであり、理事又は監事や債権者が閲覧等を行えるようにするため、議事録については、理事会の日から10年間、書面又は電磁的記録を主たる事務所に備え置く必要があり、また、理事会の議決を省略した場合には、理事全員の同意の意思表示を記載若しくは記録した書面又は電磁的記録を、理事会の決議があったものとみなされた日から10年間、主たる事務所に備え置く必要があります（**法第45条の15第1項**）。

第6章　資産及び会計

（資産の区分）

第28条　この法人の資産は、これを分けて基本財産とその他財産の二種とする。

2　基本財産は、次の各号に掲げる財産をもって構成する。

　（1）〇〇県〇〇市〇丁目〇〇番所在の木造瓦葺平家建〇〇保育園園舎

　　　　一棟（　　　　　平方メートル）

　（2）〇〇県〇〇市〇丁目〇〇番所在の〇〇保育園

　　　　敷地（平方　　　　メートル）

3　その他財産は、基本財産以外の財産とする。

4　基本財産に指定されて寄附された金品は、速やかに第2項に掲げるため、必要な手続をとらなければならない。

（備考）

公益及び収益を目的とする事業を行う場合には、次のように記載すること。

（資産の区分）

第28条　この法人の資産は、これを分けて基本財産、その他財産、公益事業用財産及び収益事業用財産（公益事業又は収益事業のいずれか一方を行う場合は、当該事業用財産のみを記載）の四種（公益事業又は収益事業のいずれか一方を行う場合は、三種）とする。

2　本文第2項に同じ。

3　その他財産は、基本財産、公益事業用財産及び収益事業用財産（公益事業又は収益事業のいずれか一方を行う場合は、当該事業用財産のみを記載）以外の財産とする。

4　公益事業用財産及び収益事業用財産（公益事業又は収益事業のいずれか一方を行う場合は、当該事業用財産のみを記載）は、第〇条に掲げる公益を目的とする事業及び第〇条に掲げる収益を目的とする事業（公益を目的とする事業又は収益を目的とする事業のいずれか一方を行う場合は、当該事業のみを記載）の用に供する財産とする。

5　本文第4項に同じ。

Check Point 指導監査ガイドラインⅡ　2-2

社会福祉事業を行うために必要な資産を有しているか

（法第25条、審査基準第2の1、2の（1））

法人は、社会福祉事業の主たる担い手として当該事業を安定的・継続的に経営していくことが求められるものであることから、確固とした経営基盤を有していることが必要であり、社会福祉事業を行うために必要な資産を備えておかなければなりません。そのため、原則として、**法人は、社会福祉事業を行うために直接必要である全ての物件について、所有権を有していること又は国若しくは地方公共団体から貸与若しくは使用許可を受けていること**を要します。もっとも、特定の事業については、一定金額以上の資産を有すること等を条件に、物件の全部又は一部について、国又は地方公共団体以外の者から貸与を受けることが認められています。

　全ての社会福祉施設の用に供する不動産について国又は地方公共団体から貸与又は使用許可を受けている法人は、**1,000万円（平成12年11月30日以前に設立された法人の場合には、100万円）以上に相当する資産（現金、預金、確実な有価証券又は不動産に限る。以下同じ。）を基本財産として有していなければならない**とされています。

　また、社会福祉施設を経営しない法人（社会福祉協議会及び共同募金会を除く。）は、社会福祉施設を経営する法人に比し、設立後の収入に安定性を欠くものと考えられるため、設立時にその後の事業継続を可能とする財政基盤を有する必要があり、**原則として1億円以上の資産を基本財産として有していなければなりません**。ただし、委託費等で事業継続に必要な収入が安定的に見込める場合については、当該法人の基本財産は当該法人の安定的運営が図られるものとして所轄庁が認める額の資産とすることができます。

Check Point 指導監査ガイドラインⅢ　2
基本財産の管理運用が適切になされているか
（法第25条、審査基準第2の1、2）

　法人の資産は、**基本財産**、**その他財産**、**公益事業用財産**及び**収益事業用財産**に区分することとされています。

　基本財産は、法人の存立の基礎となるものであり、社会福祉事業を行うための

施設の用に供する不動産や、不動産を保有しない法人における事業継続のための財政基礎として保有する資産が該当し、これを**定款に基本財産として定めた上で、**厳格な管理を行う必要があります。

　法人が公益事業又は収益事業を行う場合は、原則として、事業の用に供する資産を、それぞれ公益事業用財産又は収益事業用財産として他の財産と明確に区分して管理する必要があります。

　なお、その他財産とは、基本財産、公益事業用財産及び収益事業用財産以外の財産をいいます。

　基本財産とは、「**施設の用に供する不動産**」（**審査基準**）とされていますが、具体的には「社会福祉施設の最低基準により定められた設備を含む建物並びにその建物の敷地及び社会福祉施設の最低基準により定められた設備の敷地」（**審査要領第2（4）**）をいいます。

　基本財産となるか、その他の財産となるかは、定義により判断することになりますが、実務上、同じような固定資産の取得であっても、基本財産として計上する場合としない場合に分かれることがあります。固定資産税の課税の判断であったり、基本財産の処分には所轄庁の承認が必要となることなどです。

Check Point 指導監査ガイドラインⅢ　2-(4)-1
不動産を借用している場合、適正な手続きを行っているか
（審査基準第2の1の（1）、（2）のエ、オ、キ）

　法人は、原則として、社会福祉事業を行うために直接必要な全ての物件について所有権を有し、その権利の保全のために登記をしていること又は国若しくは地方公共団体から貸与若しくは使用許可を受けていることが必要とされています。なお、都市部等土地の取得が極めて困難な地域等における施設や、個別に定める事業の用に供する不動産については、不動産の全部若しくは一部を国若しくは地方公共団体以外の者から貸与を受ける場合には、事業の存続に必要な期間の地上権又は賃借権を設定し、かつ、これを登記しなければなりません。

（基本財産の処分）

第29条　基本財産を処分し、又は担保に供しようとするときは、理事会及び評議員会の承認を得て、〔所轄庁〕の承認を得なければならない。ただし、次の各号に掲げる場合には、〔所轄庁〕の承認は必要としない。

1　独立行政法人福祉医療機構に対して基本財産を担保に供する場合

2　独立行政法人福祉医療機構と協調融資（独立行政法人福祉医療機構の福祉貸付が行う施設整備のための資金に対する融資と併せて行う同一の財産を担保とする当該施設整備のための資金に対する融資をいう。以下同じ。）に関する契約を結んだ民間金融機関に対して基本財産を担保に供する場合（協調融資に係る担保に限る。）。

Check Point 指導監査ガイドラインⅢ　2-(1)-1

基本財産の管理運用が適切になされているか

（審査基準第2の1の（1））

社会福祉施設を経営する事業を目的として定款に定めている法人にとって、その所有する社会福祉施設の用に供する不動産は、当該事業の実施のために必要不可欠なものであり、法人存立の基礎となるものであることから、基本財産として、その全ての物件について定款に定めるとともに、その処分又は担保提供を行う際には、所轄庁の承認を受けることを定款に明記しておく必要があります（**審査基準第2の2（1）のア、イ**）。

なお、独立行政法人福祉医療機構に対して基本財産を担保に供する場合及び独立行政法人福祉医療機構と協調融資に関する契約を結んだ民間金融機関に対して基本財産を担保に供する場合（協調融資に係る担保に限る。）に、当該基本財産について所轄庁の承認を不要とする旨を定款に定めた場合は、所轄庁の承認が不要となります。

（資産の管理）

第30条　この法人の資産は、理事会の定める方法により、理事長が管理する。

2　資産のうち現金は、確実な金融機関に預け入れ、確実な信託会社に信託し、又は確実な有価証券に換えて、保管する。

（備考）　基本財産以外の資産において、株式投資又は株式を含む投資信託等による管理運用を行う場合には、第2項の次に次の1項を加える。

3　前項の規定にかかわらず、基本財産以外の資産の現金の場合については、理事会の議決を経て、株式に換えて保管することができる。

Check Point 指導監査ガイドラインⅢ　2-(2)-1

基本財産以外の資産の管理運用は適切になされているか
（審査基準第2の3の（2））

　法人の基本財産については、法人存立の基礎となるものとして厳格な管理が求められますが、基本財産以外の資産（その他財産、公益事業用財産、収益事業用財産）の管理運用にあたっても、法人の高い公益性、非営利性に鑑みると法人の裁量が無限定に認められるものと解すべきではなく、安全、確実な方法で行われることが望ましいとされています。「安全、確実な方法」であることについては、基本財産に対する場合と同等の厳格な管理は求められていませんが、理事長等の業務を執行する理事の独断による管理運用がなされたことによって法人の財産が大きく毀損する等のことがないようにするため、元本が確実に回収できるもの以外での管理運用を行う場合には、理事会において管理運用についての基準や手続を定めること等により法人内での事前又は事後のチェック機能が働くよう管理運用体制（法人の財産全体の管理運用体制に包含されるもの）を整備する必要があります。なお、株式投資又は株式を含む投資信託等による管理運用も認められますが、一定の制約があります。

　その他財産のうち、社会福祉事業の存続要件となっているものは、その財産が欠けることにより法人の目的である社会福祉事業の継続に支障を来すこととなるため、当該財産の管理が適正にされ、その処分がみだりに行われてはならないとさ

れています（**審査基準第2の2の（2）のイ**）。また、社会福祉事業の存続要件となっている財産の管理や処分について、法人において、管理運用体制の整備が求められています。

基本財産の管理運用は、安全、確実な方法、すなわち元本が確実に回収できるほか、固定資産としての常識的な運用益が得られ、又は利用価値を生ずる方法で行う必要があり、**次のような財産又は方法で管理運用することは認められていません（審査基準第2の3の（1））**。

- ・ **価格の変動が著しい財産（株式、株式投資信託、金、外貨建債券等）**
- ・ **客観的評価が困難な財産（美術品、骨董品等）**
- ・ **減価する財産（建築物、建造物等減価償却資産）**
- ・ **回収が困難になるおそれのある方法（融資）**

ただし、所轄庁が法人の規模や財務状況を踏まえ、当該管理運用方法について、安全、確実な方法によることに準ずるものと認める場合及び法人が法令、定款等に定めるところにより、社会福祉事業としての貸付を行う場合はこの限りではありません。

Check Point 指導監査ガイドラインⅢ　2-(3)-1

株式の保有は適切になされているか
（審査基準第2の3の（2）、審査要領第2の（8）から（11）まで）

株式の保有は、原則として、**次に掲げる1～3の場合に限られます**が、保有が認められる場合であっても、法人の非営利性の担保の観点から、法人が営利企業を実質的に支配することがないよう、営利企業の全株式の2分の1を超える保有は認められていません。

1　基本財産以外の資産の管理運用の場合。ただし、あくまで管理運用であることを明確にするため、上場株や店頭公開株のように、証券会社の通常の取引を通じて取得できるものに限る。

2　基本財産として寄附された場合（設立後に寄附されたものも含む。）

3　未公開株のうち次の要件を満たすもの

（1）　社会福祉に関する調査研究を行う企業の未公開株であること

（2）　法人において、実証実験の場を提供する等、企業が行う社会福祉に関する調査研究に参画していること

（3）　未公開株への拠出（額）が法人全体の経営に与える影響が少ないことについて公認会計士又は税理士による確認を受けていること

なお、措置費施設及び保育所においては、株式投資が認められていません。

基本財産として株式が寄附される場合には、社会福祉法人の適切な運営の観点から、寄附を受けた社会福祉法人の理事と当該営利企業の関係者との関係、基本財産の構成、株式等の寄附の目的について確認して下さい。法人が株式保有等を行っている場合であって、**特定の営利企業の全株式の20％以上を保有している場合**については、法人は、法第59条の規定による現況報告書と合わせて、当該営利企業の概要として、事業年度末現在の**次に定める事項**を記載した書類を提出する必要があります（**審査要領第2の（9）から（11）まで**）。

- ・　名称
- ・　事務所の所在地
- ・　資本金等
- ・　事業内容
- ・　役員の数及び代表者の氏名
- ・　従業員の数
- ・　当該社会福祉法人が保有する株式等の数及び全株式等に占める割合
- ・　保有する理由
- ・　当該株式等の入手日
- ・　当該社会福祉法人と当該営利企業との関係（人事、取引等）

（事業計画及び収支予算）

第31条　この法人の事業計画書及び収支予算書については、毎会計年度開始の
　　　日の前日までに、理事長が作成し、理事会の承認、を受けなければならない。
　　　これを変更する場合も、同様とする。

2　前項の書類については、主たる事務所（及び従たる事務所）に、当該会計年
　　度が終了するまでの間備え置き、一般の閲覧に供するものとする。

Check Point 指導監査ガイドラインⅢ　3-(2)-2

予算の執行及び資金等の管理に関する体制が整備されているか
（留意事項1の（1）、（2））

　法人における予算の執行及び資金等の管理に関しては、あらかじめ会計責任者等
の運営管理責任者を定める等法人の管理運営に十分配慮した体制を確保するとと
もに、内部牽制に配意した業務分担、自己点検を行う等、適正な会計事務処理が
求められています。

　法人における管理運営体制を明確にするため、経理規程等に定めるところにより、
会計責任者を理事長が任命することや、会計責任者又は理事長の任命する出納職
員に取引の遂行、資産の管理及び帳簿その他の証憑書類の保存等会計処理に関す
る事務を行わせることなどを明確化しなければなりません。

（事業報告及び決算）

第32条　この法人の事業報告及び決算については、毎会計年度終了後、理事長が次の書類を作成し、監事の監査を受けた上で、理事会の承認を受けなければならない。

（1）　事業報告

（2）　事業報告の附属明細書

（3）　貸借対照表

（4）　収支計算書（資金収支計算書及び事業活動計算書）

（5）　貸借対照表及び収支計算書（資金収支計算書及び事業活動計算書）の附属明細書

（6）　財産目録

2　前項の承認を受けた書類のうち、第1号、第3号、第4号及び第6号の書類については、定時評議員会に提出し、第1号の書類についてはその内容を報告し、その他の書類については、承認を受けなければならない。

3　第1項の書類のほか、次の書類を主たる事務所に5年間（、また、従たる事務所に3年間）備え置き、一般の閲覧に供するとともに、定款を主たる事務所（及び従たる事務所に）に備え置き、一般の閲覧に供するものとする。

（1）　監査報告

（2）　理事及び監事並びに評議員の名簿

（3）　理事及び監事並びに理事又は監事の報酬等の支給の基準を記載した書類

（4）　事業の概要等を記載した書類

Check Point　指導監査ガイドラインⅢ　3-(1)

会計処理に関する着眼点及び取扱いに関する共通事項について

　法人は、会計省令、運用上の取扱い及び留意事項(以下「会計基準」という。)に従い、会計処理を行い、会計帳簿、計算関係書類及び財産目録を作成しなければなりません（**会計省令第1条第1項**)。また、会計基準において、基準が示されていない場合には、一般に公正妥当と認められる社会福祉法人会計の慣行を斟酌すること

とされています（**同条第2項**）。なお、会計基準は、法人が行う全ての事業に関する会計に適用されます（**同条第3項**）。

> （会計年度）
> 第33条　この法人の会計年度は、毎年4月1日に始まり、翌年3月31日をもって終わる。
> （会計処理の基準）
> 第34条　この法人の会計に関しては、法令等及びこの定款に定めのあるもののほか、理事会において定める経理規程により処理する。

Check Point 指導監査ガイドラインⅢ　3-(2)-1
経理規程を制定しているか（留意事項1の（4））

　法人は、会計省令に基づく適正な会計処理のために必要な事項について**経理規程**を定めるものとされています。

　経理規程においては、法令等及び定款に定めるものの他、法人が会計処理を行うために必要な事項（予算・決算の手続、会計帳簿の整備、会計処理の体制及び手続、資産及び負債の管理や評価、契約に関する事項等）について定めるものであり、法人における会計面の業務執行に関する基本的な取扱いを定めるものとして、法人の定款において、経理規程を定める旨及びその策定に関する手続等について定めています。また、経理規程に定める事務処理を行うために必要な細則等を定めるとともに、経理規程やその細則等を遵守することが求められます。

　なお、経理規程の詳細については、「第7章　モデル経理規程」で学習します。

> （臨機の措置）
> 第35条　予算をもって定めるもののほか、新たに義務の負担をし、又は権利の放棄をしようとするときは、理事総数の3分の2以上の同意がなければならない。

（備考1）　公益事業を行う社会福祉法人は、定款に次の章を加えること。

第〇章　公益を目的とする事業

（種別）

第〇条　この法人は、社会福祉法第26条の規定により、利用者が、個人の尊厳を保持しつつ、自立した生活を地域社会において営むことができるよう支援することなどを目的として、次の事業を行う。

（1）〇〇の事業

（2）〇〇の事業

2　前項の事業の運営に関する事項については、理事総数の3分の2以上の同意を得なければならない。

（注1）具体的な目的の記載は、事業の種別に応じ、社会福祉法の基本的理念及びそれぞれの法人の理念に沿って記載すること。

（注2）上記記載は、あくまで一例であるので、（注1）を踏まえ、法人の実態に即した記述とすること。

（注3）公益事業のうち、規模が小さく社会福祉事業と一体的に行われる事業又は社会福祉事業の用に供する施設の機能を活用して行う事業については、必ずしも定款の変更を行うことを要しないこと。

Check Point　指導監査ガイドラインⅢ　3-1

社会福祉事業を行うことを目的とする法人が行う公益事業として適正に実施されているか（法第26条第1項）

　法人は、その社会福祉事業に支障がない限り、公益事業を行うことができるとされています。公益事業とは、社会福祉事業以外の事業であって、当該事業を行うことが公益法人の設立目的となりうる事業をいうと解されていますが、法人が行うものである以上、社会福祉と関連がない事業は該当しないとされています。そのため、公益事業は、社会福祉と関係があり、公益性があるものである必要があります。

【公益事業の例（審査基準第1の2の（2）、審査要領第1の2）】

・　必要な者に対し、相談、情報提供・助言、行政や福祉・保健・医療サービス事業者等との連絡調整を行う等の事業

- 必要な者に対し、入浴、排せつ、食事、外出時の移動、コミュニケーション、スポーツ・文化的活動、就労、住環境の調整等（以下「入浴等」という。）を支援する事業
- 入浴等の支援が必要な者、独力では住居の確保が困難な者等に対し、住居を提供又は確保する事業
- 日常生活を営むのに支障がある状態の軽減又は悪化の防止に関する事業
- 入所施設からの退院・退所を支援する事業
- 子育て支援に関する事業
- 福祉用具その他の用具又は機器及び住環境に関する情報の収集・整理・提供に関する事業
- ボランティアの育成に関する事業
- 社会福祉の増進に資する人材の育成・確保に関する事業（社会福祉士・介護福祉士・精神保健福祉士・保育士・コミュニケーション支援者等の養成事業等）
- 社会福祉に関する調査研究等
- 法第2条第4項第4号に掲げる事業（いわゆる事業規模要件を満たさないために社会福祉事業に含まれない事業）
- 介護保険法に規定する居宅サービス事業、地域密着型サービス事業、介護予防サービス事業、地域密着型介護予防サービス事業、居宅介護支援事業、介護予防支援事業、介護老人保健施設、介護医療院を経営する事業又は地域支援事業を市町村から受託して実施する事業
- 有料老人ホームを経営する事業
- 社会福祉協議会等において、社会福祉協議会活動等に参加する者の福利厚生を図ることを目的として、宿泊所、保養所、食堂等を経営する事業
- 公益的事業を行う団体に事務所、集会所等として無償又は実費に近い対価で使用させるために会館等を経営する事業（なお、営利を行う者に対して、無償又は実費に近い対価で使用させるような計画は適当でない。また、このような者に対し収益を得る目的で貸与する場合は、収益事業となるものである。）

（備考２）収益事業を行う社会福祉法人は、定款に次の章を加えること。

第○章　収益を目的とする事業

（種別）

第○条　この法人は、社会福祉法第26条の規定により、次の事業を行う。

（1）○○業

（2）○○業

2　前項の事業の運営に関する事項については、理事総数の３分の２以上の同意を得なければならない。

（備考）

事業種類は、事業の内容が理解できるよう具体的に記載すること。

（収益の処分）

第○条　前条の規定によって行う事業から生じた収益は、この法人の行う社会福祉事業又は公益事業（社会福祉法施行令（昭和33年政令第185号）第13条及び平成14年厚生労働省告示第283号に掲げるものに限る。）に充てるものとする。

Check Point　指導監査ガイドラインⅡ　4-1

（収益事業は）法に基づき適正に実施されているか（法第26条）

　法人は、その経営する社会福祉事業に支障がない限り、収益を社会福祉事業又は令第13条各号に掲げる公益事業（以下「特定公益事業」という。）の経営に充てることを目的とする収益事業を行うことができます。なお、法人が収益事業を実施する場合には、この目的を明らかにするため、定款において、その旨を定めるべき必要があります。

【特定公益事業】

・　法第２条第４項第４号に掲げる事業（事業規模要件を満たさないために社会福祉事業に含まれない事業）

・　介護保険法に規定する居宅サービス事業、地域密着型サービス事業、居宅介護支援事業、介護予防サービス事業又は介護予防支援事業（社会福祉事業であるものを除く。）

・　介護老人保健施設を経営する事業

- ・ 社会福祉士及び介護福祉士法に規定する社会福祉士養成施設又は介護福祉士養成施設等を経営する事業
- ・ 精神保健福祉士法に規定する精神保健福祉士養成施設を経営する事業
- ・ 児童福祉法に規定する指定保育士養成施設を経営する事業
- ・ 社会福祉事業と密接な関連を有する事業であって、当該事業を実施することによって社会福祉の増進に資するものとして、所轄庁が認めるもの（平成14年厚生労働省告示第283号）

　収益事業については、公益事業と同様に、その会計を社会福祉事業に関する会計から区分し、特別の会計として経理しなければなりません（**法第26条第2項**）。この「特別の会計として経理」することとは、公益事業と同様に、社会福祉法人会計基準の規定に基づき、収益事業に関する事業区分を設定し、社会福祉事業及び公益事業と区分して会計処理をする（**会計省令第7条第2項第1号**）ことをいいます。

　収益事業は、その収益を社会福祉事業又は特定公益事業（以下「社会福祉事業等」という。）に充てることを目的として行うものであり、収益がある場合にその収益を社会福祉事業等に充てていない場合や、収益事業の経営により社会福祉事業の経営に支障を来す場合には、収益事業を行う目的に反することとなり、この場合、所轄庁は、その収益事業の停止を命ずることができます（**法第57条第2号、第3号**）。

Check Point 指導監査ガイドラインⅡ　4-2

法人が行う事業として法令上認められるものであるか
（審査基準第1の3の（2）、（5）、審査要領第1の3の（2）、（3））

　法人は社会福祉事業を行うことを目的とするものであることから、その経営する収益事業は社会福祉事業に対して従たる地位にある必要があり、社会福祉事業を超える規模の収益事業を経営することは認められていません。事業規模については、社会福祉事業が主たる地位を占めるかどうかを判断する際と同様に、年度毎

の特別な事情の影響を除くため、法人の経常的費用により判断することが適当であり、原則、事業活動内訳表（**会計省令第2号第2様式等**）におけるサービス活動増減の部のサービス活動費用計の比率により判断します。

　実施する収益事業の種類について、法令上制限はありませんが、公益性の高い法人として、法人の社会的信用を傷つけるおそれがあるもの又は投機的なものは行えません。また、当該事業を行うことにより法人の社会福祉事業の円滑な遂行を妨げるおそれがないことが必要です。

第7章　解散

（解散）

第36条　この法人は、社会福祉法第46条第1項第1号及び第3号から第6号までの解散事由により解散する。

（残余財産の帰属）

第37条　解散（合併又は破産による解散を除く。）した場合における残余財産は、評議員会の決議を得て、社会福祉法人並びに社会福祉事業を行う学校法人及び公益財団法人のうちから選出されたものに帰属する。

第8章　定款の変更

（定款の変更）

第38条　この定款を変更しようとするときは、評議員会の決議を得て、〔所轄庁〕の認可（社会福祉法第四五条の三六第二項に規定する厚生労働省令で定める事項に係るものを除く。）を受けなければならない。

2　前項の厚生労働省令で定める事項に係る定款の変更をしたときは、遅滞なくその旨を〔所轄庁〕に届け出なければならない。

Check Point 指導監査ガイドラインⅠ　1-2

　定款の変更が所定の手続を経て行われているか（法第45条の36第1項、第2項、第4項、第45条の9第7項第3号、規則第4条）

定款は、法人の基本的事項を定めるものであることから、その変更は、**評議員会の特別決議をもって行い、所轄庁の認可又は所轄庁への届出が必要**とされます。

なお、定款に記載された事項の変更のうち、所轄庁の認可を要さない（所轄庁への届出で足りる）事項は、法第31条第1項に定める必要的記載事項のうち、事務所の所在地（第4号）の変更、資産に関する事項（第9号）の変更（基本財産が増加する場合に限る。）及び公告の方法（第15号）の変更のみであり（**規則第4条**）、相対的記載事項及び任意的記載事項の変更については、軽微な変更であっても所轄庁の認可が必要とされています。

第9章　公告の方法その他
（公告の方法）
第39条　この法人の公告は、社会福祉法人〇〇福祉会の掲示場に掲示するとともに、官報、新聞又は電子公告に掲載して行う。

Check Point 指導監査ガイドラインⅢ　4-(3)-1

法令に定める情報の公表を行っているか
（法第59条の2、規則第10条）

法人の公益性を踏まえ、法人は、**次の事項**について、遅滞なくインターネットの利用により公表しなければなりません。

- **定款の内容**（所轄庁に法人設立若しくは変更の認可を受けたとき又は変更の届出を行ったとき）
- **役員等報酬基準**（理事又は監事会の承認を受けたとき）
- **法第59条による届出をした書類**のうち、厚生労働省令で定める書類の内容（届出をしたとき）

【厚生労働省令で定める書類（規則第10条第3項）】
　①　計算書類
　②　役員等名簿
　③　現況報告書（規則第2条の41第1号から第13号まで及び第16号に掲げる事項）
（「社会福祉法人が届け出る「事業の概要等」等の様式について」（平成29年3月29日付け雇児発0329第6号・社援発0329第48号・老発0329第30号、厚生労働省雇用均等・児童家庭局長及び社会・援護局長、老健局長連名通知））

　インターネットの利用による公表については、原則として、法人（又は法人が加入する団体）のホームページへの掲載によりますが、計算書類及び現況報告書については、「社会福祉法人の財務諸表等電子開示システム」に記録する方法による届出を行い、内容が公表された場合には、インターネットの利用による公表が行われたものとみなされます。

情報公開についての詳細は、「第10章　情報管理と情報公開」で学習します。

（施行細則）
第40条　この定款の施行についての細則は、理事会において定める。

会計監査人設置法人における定款記載例（該当箇所のみ抜粋）

特定社会福祉法人（9ページ参照）については、会計監査人としての公認会計士又は監査法人による外部監査が義務付けられています。

ここからは会計監査人を設置する場合の定款例について見ていきます。

（アンダーライン部分が会計監査人を設置していない場合の定款例との変更点となります）

（権限）

第10条　評議員会は、次の事項について決議する。

（1）　理事及び監事並びに会計監査人の選任又は解任

（2）　以下、省略

第4章　役員及び会計監査人並びに職員

（役員及び会計監査人の定数）

第15条　この法人には、次の役員を置く。

　4　この法人に会計監査人を置く。

Check Point 指導監査ガイドラインⅠ　7-1

会計監査人は定款の定めにより設置されているか。

（法第36条第2項、第37条、令第13条の3）

（参考）法第45条の6第3項

法人は定款の定めによって、会計監査人を設置することができます**（法第36条第2項）**。定款に会計監査人を設置することを定めた法人（会計監査人設置法人）は、会計監査人を設置しなければなりません。

法人の経営組織のガバナンスの強化、財務規律の強化の観点から、特定社会福祉法人は会計監査人の設置が義務付けられており**（法第37条）**、定款に会計監査人の設置について定めなければなりません。

また、設置義務がない法人も定款の定めにより会計監査人を設置することができ**（法第36条第3項）**、会計監査人の選任手続や職務内容等は設置義務の有無にかか

わらず同一です。

　会計監査人は、法人の計算書類及びその附属明細書（計算関係書類）の監査を通じ、財務会計面から法人の適正な運営を確保する役割を有しています。そのため、会計監査人が欠けた場合又は定款で定めた定款の員数が欠けた場合に、遅滞なく会計監査人が選任されないときは、監事は、一時会計監査人の職務を行うべき者を選任しなければなりません**（法第45条の6第3項）**。また、会計監査人は、いつでも会計帳簿の閲覧等や法人の理事又は職員に対して会計に関する報告を求めることができ**（法第45条の19第3項）**、その職務を行うために必要があるときは、法人の業務及び財産の状況を調査することができる**（同条第4項）**ように、決算時に計算関係書類の監査を行うだけでなく、会計年度を通じて、法人の計算関係書類の信頼性の確保のために必要な対応を行うものであることから、会計監査人設置法人は、会計監査人が欠けた場合には、遅滞なく会計監査人を選任すべきです。

　なお、会計監査人の設置義務がない法人であっても、定款に会計監査人を設置することを定めている場合は、会計監査人が欠けた場合には、遅滞なく補充しなければなりません。

（役員及び会計監査人の選任）
第16条　理事及び監事並びに会計監査人は、評議員会の決議によって選任する。

Check Point　指導監査ガイドラインⅠ　7-2

法令に定めるところにより選任されているか。
（法第43条第1項、一般法人法第73条第1項）

　会計監査人の設置を定款に定めた法人は、会計監査人として、公認会計士又は監査法人を**評議員会において選任**します**（法第43条第1項、法第45条の2第1項）**。

　評議員会で会計監査人の選任を行う際は、理事会が特定の公認会計士又は監査法人を会計監査人候補者として、会計監査人の選任に関する議案を評議員会に提出することとなります。**会計監査人候補者の選定を行うに当たっては、会計監査人が、中立・公正な立場から法人の会計監査を行うものであることから、その業務の性質上、入札により最低価格を提示したことのみを選定の基準とすることは適当で**

はなく、通常の契約ルールとは別に、複数の公認会計士等から提案書等を入手し、法人において選定基準を作成し、提案内容について比較検討の上、選任する等の方法をとることが適当とされています。

なお、会計監査人候補者の選定に当たっては、公認会計士法の規定により、計算書類の監査を行うことができない者は会計監査人となることができません（**法第45条の2第3項**）。

公認会計士法の規定により**計算書類の監査を行うことができない者**は以下の通りです。

- 公認会計士又はその配偶者が、当該法人の役員、これに準ずるもの若しくは財務に関する事務の責任ある担当者である、又は過去1年以内にこれらの者であった場合（公認会計士法第24条第1項第1号）
- 税務顧問に就任している公認会計士又はその配偶者が、被監査法人から当該業務により継続的な報酬を受けている場合（公認会計士法第24条第1項第3号、同施行令第7条第1項第6号）

評議員会に提出された会計監査人の選任等及び解任並びに再任しないことに関する議案については、監事の過半数の同意を得なければならず（**法第43条第3項、一般法人法第73条第1項**）、これらの議案を提出する際には上記の評議員会における会計監査人の選任の手続と同様の手続を経た上で、監事の過半数の同意を得ることが必要とされています。

会計監査人の任期は、**選任後1年以内に終了する会計年度のうち最終のものに関する定時評議員会の終結の時まで**です（**法第45条の3第1項**）が、その定時評議員会において会計監査人を再任しないとする決議がなされなかったときは当該定時評議員会において再任されたものとみなされます（**同条第2項**）。そのため、会計監査人を再任しない場合には、会計監査人を再任しないことに関する議案を提出する必要があります。

（監事の職務及び権限）

第18条　監事は、理事の職務の執行を監査し、法令で定めるところにより、監査報告を作成する。

Check Point 指導監査ガイドラインⅠ　5-(3)-1

法令に定めるところにより業務を行っているか。

（法第45条の18第1項、第45条の28第1項及び第2項、規則第2条の26から第2条の28まで、

第2条の31、第2条の34から第2条の37まで）

　計算関係書類の監査については、会計監査人設置法人では、計算関係書類に係る会計監査人の会計監査報告があることを前提として監事の監査が行われるため、会計監査人設置法人と会計監査人非設置法人とで監事監査の内容は異なることとなります。会計監査人設置法人の計算関係書類についての監査報告の内容及び手続は、次のとおり定められています（規則第2条の31及び第2条の34）。

【監査報告の内容（規則第2条の31）】

- ・　監事の監査の方法及びその内容
- ・　会計監査人の監査の方法又は結果を相当でないと認めたときは、その旨及びその理由（会計監査報告を期限までに受領していない場合はその旨）
- ・　重要な後発事象（会計監査報告の内容となっているものを除く。）
- ・　会計監査人の職務の遂行が適正に実施されることを確保するための体制に関する事項
- ・　監査のために必要な調査ができなかったときは、その旨及びその理由
- ・　監査報告を作成した日

　特定監事は、次に掲げる日のうちいずれか遅い日までに、特定理事及び会計監査人に対し、計算関係書類についての監査報告の内容を通知しなければなりません（規則第2条の34第1項）。

- ・　会計監査報告を受領した日から1週間を経過した日
- ・　特定理事及び特定監事が合意により定めた日（合意がある場合）

第19条　会計監査人は、法令で定めるところにより、この法人の計算書類（貸借対照表、資金収支計算書及び事業活動計算書）並びにこれらの附属明細書及び財産目録を監査し、会計監査報告を作成する。

2　会計監査人は、いつでも、次に掲げるものの閲覧及び謄写をし、又は理事及び職員に対し、会計に関する報告を求めることができる。

（1）　会計帳簿又はこれに関する資料が書面をもって作成されているときは、当該書面

（2）　会計帳簿又はこれに関する資料が電磁的記録をもって作成されているときは、当該電磁的記録に記録された事項を法令で定める方法により表示したもの

Check Point 指導監査ガイドラインⅠ　7-3

法令に定めるところにより会計監査を行っているか。
（法第45条の19第１項、第２項）

　会計監査人は、法人の計算関係書類（計算書類及びその附属明細書）及び財産目録を監査し、会計監査報告を作成します（**法第45条の19第１項、第２項**）。

　なお、会計監査人が監査を行う対象は、法人単位貸借対照表、法人単位資金収支計算書、法人単位事業活動計算書及びこれらに対応する附属明細書です。

【会計監査報告の記載事項（規則第２条の30）】

　1　会計監査人の監査の方法及びその内容

　2　監査意見（法人単位の計算書類及びそれらに対応する附属明細書が当該法人の財産、収支及び純資産の増減の状況を全ての重要な点において適正に表示しているかどうかについての意見）

　　（1）無限定適正意見

　　（2）除外事項を付した限定付適正意見

　　（3）不適正意見

　　（4）意見不表明

3 追記情報
（1）継続事業の前提に関する事項の注記に係る事項
（2）会計方針の変更
（3）重要な偶発事象
（4）重要な後発事象
4 会計監査報告を作成した日

　会計監査人は、**次に掲げる日のいずれか遅い日までに**、特定監事及び特定理事に対し、計算関係書類についての監査報告の内容を通知しなければなりません**(規則第2条の32第1項)**。

・　計算書類の全部を受領した日から4週間を経過した日
・　計算書類の附属明細書を受領した日から1週間を経過した日
・　特定理事、特定監事及び会計監査人が合意により定めた日（合意がある場合）

（役員及び会計監査人の任期）
第19条
3　会計監査人の任期は、選任後1年以内に終了する会計年度のうち最終のものに関する定時評議員会の終結の時までとする。ただし、その定時評議員会において別段の決議がされなかったときは、再任されたものとみなす。

（役員及び会計監査人の解任）
第20条
2　会計監査人が、次のいずれかに該当するときは、評議員会の決議によって解任することができる。
（1）　職務上の義務に違反し、又は職務を怠ったとき。
（2）　会計監査人としてふさわしくない非行があったとき。
（3）　心身の故障のため、職務の執行に支障があり、又はこれに堪えないとき。

3 監事は、会計監査人が、前項各号のいずれかに該当するときは、（監事全員の同意により、）会計監査人を解任することができる。この場合、監事は、解任した旨及び解任の理由を、解任後最初に招集される評議員会に報告するものとする。

（役員及び会計監査人の報酬等）

第21条

2 会計監査人に対する報酬等は、監事の過半数の同意を得て、理事会において定める。

Check Point 指導監査ガイドラインⅠ　8-(1)-4

会計監査人の報酬等が法令に定めるところにより定められているか。

（法第45条の19第6項により準用される一般法人法第110条）

会計監査人の報酬等については、評議員や役員と異なり、法令上定款又は評議員会の決議で定めることとはされておらず、法人の業務執行に関するものとして、監事の過半数の同意を得て、理事会又は理事会から委任を受けた理事が定めることとなります（**法第45条の19第6項、一般法人法第110条**）。

（事業報告及び決算）

第32条　この法人の事業報告及び決算については、毎会計年度終了後、理事長が次の書類を作成し、監事の監査を受け、かつ、第3号から第6号までの書類について会計監査人の監査を受けた上で、理事会の承認を受けなければならない。

（1） 事業報告

（2） 事業報告の附属明細書

（3） 貸借対照表

（4） 収支計算書（資金収支計算書及び事業活動計算書）

（5） 貸借対照表及び収支計算書（資金収支計算書及び事業活動計算書）の附属明細書

（6） 財産目録

2　前項の承認を受けた書類のうち、第1号、第3号、第4号及び第6号の書類については、定時評議員会に報告するものとする。ただし、社会福祉法施行規則第2条の39に定める要件に該当しない場合には、第1号の書類を除き、定時評議員会への報告に代えて、定時評議員会の承認を受けなければならない。

3　第1項の書類のほか、次の書類を主たる事務所に5年間（また、従たる事務所に3年間）備え置き、一般の閲覧に供するとともに、定款を主たる事務所（及び従たる事務所）に備え置き、一般の閲覧に供するものとする。

（1）　監査報告

（2）　会計監査報告

（3）　理事及び監事並びに評議員の名簿

（4）　理事及び監事並びに評議員の報酬等の支給の基準を記載した書類

（5）　事業の概要等を記載した書類

4　社会福祉法人定款例

Check Point 指導監査ガイドラインⅠ　3-(2)-4

決算手続は、法令及び定款の定めに従い、適正に行われているか。

（法第45条の19、第45条の30、第45条の31、規則第2条の39、第2条の40）

　計算関係書類等を所轄庁に提出するにあたっては、理事会の承認を受け、このうち計算書類及び財産目録については定時評議員会の承認を受けたものでなければなりません（**法第45条の30、規則第2条の40**）。ただし、会計監査人設置法人においては、**一定の要件を満たす場合**には、計算書類及び財産目録については定時評議員会においてその内容を報告することで足りるとされています（**法第45条の31、規則第2条の39、40**）。

【一定の要件】

- ・　計算書類又は財産目録についての会計監査報告に無限定適正意見が付されていること
- ・　会計監査報告に関する監事の監査報告に、会計監査人の監査の方法又は結果を相当でないと認める意見がないこと

- 計算書類又は財産目録について、特定監事が期限までに監査報告の内容を通知しなかったことにより、監事の監査を受けたものとみなされたものでないこと

なお、会計監査人設置法人の計算関係書類の記載は第18条解説（99ページ）に記載のとおりです。

租税特別措置法40条適用法人について

【租税特別措置法第40条の特例の適用を受けるに当たっての留意点】

　個人が法人に対して土地、建物などの財産を寄附した場合には、これらの財産は寄附時の時価で譲渡があったものとみなされ、これらの財産の取得時から寄附時までの値上がり益がある場合には、寄附者の所得税の課税対象とされます（**所得税法第59条第1項第1号**）。

　一方、これらの財産を社会福祉法人を含む公益法人等に寄附した場合において、一定の要件を満たすものとして国税庁長官の非課税の承認を受けたときは、この所得税について非課税とする制度が設けられています（**租税特別措置法第40条第1項**）。

　定款変更の取扱は、**社会福祉法人制度改革に伴う租税特別措置法第40条の適用に関するQ&A**（厚生労働省社会・援護局福祉基盤課事務連絡平成29年1月24日）をご参照下さい。

　なお、対象となる条項の記載例は、以下のとおりとなります。

・定款例第六条の次に以下の条項（例）を設ける。

（理事又は監事の資格）

第○条　社会福祉法第40条第４項及び第５項を遵守するとともに、この法人の理事又は監事のうちには、理事又は監事のいずれか一人及びその親族その他特殊の関係がある者（租税特別措置法施行令第25条の17第６項第１号に規定するものをいう。以下同じ。）の合計数が、理事又は監事総数（現在数）の３分の１を超えて含まれることになってはならない。

第10条　評議員会は、次の事項について決議する。

（１）　理事及び監事の選任又は解任

（２）　理事及び監事の報酬等の額

（３）　理事及び監事並びに理事又は監事に対する報酬等の支給の基準

（４）　計算書類（貸借対照表及び収支計算書）及び財産目録の承認

（５）　定款の変更

（６）　残余財産の処分

（７）　基本財産の処分

（８）　社会福祉充実計画の承認

（９）　事業計画及び収支予算の承認

（10）　臨機の措置（予算外の新たな義務の負担及び権利の放棄）

（11）　解散

（12）　公益事業・収益事業に関する重要な事項

（13）　その他評議員会で決議するものとして法令又はこの定款で定められた事項

・第○条（役員の資格）定款例第16条の次に以下の条項（例）を追加します。
（役員の資格）

第○条　社会福祉法第44条第６項を遵守するとともに、この法人の理事のうち
には、理事のいずれか一人及びその親族その他特殊の関係がある者の合計数が、
理事総数（現在数）の３分の１を超えて含まれることになってはならない。

2　社会福祉法第44条第７項を遵守するとともに、この法人の監事には、この
法人の理事（その親族その他特殊の関係がある者を含む。）及び理事又は監事
（その親族その他特殊の関係がある者を含む。）並びに、この法人の職員が含ま
れてはならない。また、各監事は、相互に親族その他特殊の関係がある者であっ
てはならない。

（注）　なお、租税特別措置法第40条の規程に対応した法人の定款については、特
殊関係者の制限はさらに厳格な制限が設けられ、親族の範囲は６親等内の血
族または３親等内の姻族となります。

・第29条　基本財産を処分し、又は担保に供しようとするときは、理事会におい
て理事総数（現在数）の３分の２以上の同意を得たうえで、評議員会の承認
を得て、〔所轄庁〕の承認を得なければならない。ただし、次の各号に掲げる
場合には、〔所轄庁〕の承認は必要としない。

・第31条　この法人の事業計画書及び収支予算書については、毎会計年度開始の
日の前日までに、理事長が作成し、理事会において理事総数（現在数）の３
分の２以上の同意を得た上で、評議員会の承認を受けなければならない。こ
れを変更する場合も、同様とする。

・第35条　予算をもって定めるもののほか、新たに義務の負担をし、又は権利の
放棄をしようとするときは、理事総数の３分の２以上の同意を得た上で、評
議員会の承認を受けなければならない。

・第○条（公益を目的とする事業）及び第　○条（収益を目的とする事業）
公益事業・収益事業に関する重要な事項については、理事総数（現在数）の
３分の２以上の同意及び評議員会の承認を受けること。

確認テスト

答え：P.239

① 社会福祉法人に関する以下の内容が正しいものには○、間違っているものには×を解答欄に記入しなさい。

（1）社会福祉法人は、社会福祉事業を行うことを目的として設立される。従って、事業活動内訳表におけるサービス活動費用計の比率について、原則として社会福祉事業が法人の行う全事業のうちの 50% を超えていなくてはならない。

（2）社会福祉法人が運営している社会福祉施設の管理者は当該社会福祉法人の理事を兼ねることができない。

（3）評議員の任期は、原則として「選任後 2 年以内に終了する事業年度のうち最終のものに関する定時評議員会の終結の時まで」である。

（4）監事の解任や定款の変更については、評議員会の特別決議に該当するので、決議について特別の利害関係を有する評議員を除く評議員の過半数が出席し、出席した評議員の過半数の賛成があれば決議される。

（5）評議員会の議事録は書面又は電磁的記録により作成され、必要事項を記載し、評議員会の日から法人の主たる事務所に 10 年間、従たる事務所に 5 年間備え置かなくてはならない。

答案用紙

（1）	（2）	（3）	（4）	（5）

❷ 次の文章の（　　）に当てはまる適切な語句を記入しなさい。

（1）定款の記載事項について、（　　　　　　　　）とは、必ず定款に記載しなければならない項目であり、1つでも記載が欠けると定款の効力が生じない事項である。

（2）理事の最低数は（　　　）名、評議員の最低数は（　　　）名である。

（3）社会福祉法人は、原則として、社会福祉事業を行うために直接必要である全ての物件について、（　　　　）を有していること又は国若しくは地方公共団体から貸与若しくは（　　　　　）を受けていなくてはならない。

（4）理事は（　　　　　　）の決議によって選任する。

（5）社会福祉施設を経営する法人にあっては、すべての施設についてその施設の用に供する不動産は（　　　　　）とし、定款に定めなければなければならない。

第5章

社会福祉法人指導監査ガイドライン

❶ 法人運営
❷ 事業
❸ 管理

　社会福祉法人の指導監査ガイドラインには、社会福祉法人が遵守すべき社会福祉法及び施行規則等の根拠を基に、具体的な行動指針が記載されています。

　指導監査ガイドラインに記載されている各項目は、法人運営を正しく行うためのチェック項目の役割にもなります。

　指導監査ガイドラインの項目を定期的にチェックする機会を設けるなどして、法令遵守の経営を心掛けましょう。

　なお、定款に関する Check Point は「第4章　定款」を参照してください。

1 法人運営

社会福祉法人に対する指導監督

　社会福祉法人に対する指導監査は、法人の自主性及び自立性を尊重し、法令又は通知等に定められた法人として遵守すべき事項について運営実態の確認を行うことによって、適正な法人運営と社会福祉事業の健全な経営の確保を図ることを目的としています。

　社会福祉法人に対する指導監査には、一般監査と特別監査があり、一般監査は実施計画を策定した上で一定の周期で実施され、特別監査は運営等に重大な問題を有する法人を対象として随時実施されます。

　指導監査のチェック内容については「**社会福祉法人指導監査ガイドライン**」として公表されています。指導監査ガイドラインには、社会福祉法人を運営していく上で遵守すべきことが記載されています。

　指導監査ガイドラインの内容を理解し実行することは、社会福祉法人の健全な運営に繋がります。

1. 定款

項目	監査事項	根拠	チェックポイント
	1　定款は、法令等に従い、必要事項が記載されているか。	法第31条第1項	○　定款の必要的記載事項（法第31条第1項）が事実に反するものとなっていないか。
	2　定款の変更が所定の手続を経て行われているか。	法第45条の36第1項第2項第4項 第45条の9第7項第3号 規則第4条	○　定款の変更が評議員会の特別決議を経て行われているか。 ○　定款の変更が所轄庁の認可を受けて行われているか（所轄庁の認可が不要とされる事項の変更については、所轄庁への届出が行われているか。）。
	3　法令に従い、定款の備置き・公表がされているか。	法第34条の2第1項第4項 第59条の2第1項第1号 規則第2条の5第10条第1項	○　定款を事務所に備え置いているか。 ○　定款の内容をインターネットを利用して公表しているか。 ○　公表している定款は直近のものであるか。

2．内部管理体制

項目	監査事項	根拠	チェックポイント
	1　特定社会福祉法人において、内部管理体制が整備されているか。	法第45条の13第5項 令第13条の3 規則第2条の16	○　内部管理体制が理事会で決定されているか。 ○　内部管理体制に係る必要な規程の策定が行われているか。

Check Point　指導監査ガイドラインⅠ　2-1　内部管理体制について

特定社会福祉法人において、内部管理体制が整備されているか
（法第45条の13第5項、令第13条の3、規則第2条の16）

　特定社会福祉法人は、経営組織のガバナンスの強化を図るため、理事の職務の執行が法令及び定款に適合することを確保するための体制その他社会福祉法人の業務の適正を確保するために必要な体制（内部管理体制）の整備の決定を理事会で行うことが義務付けられています。この内部管理体制の整備に係る決定については、理事会から理事（理事長等）に決定の権限を委任することができない事項であり（**法第45条の13第4項第5号**）、必ず理事会の決定によらなければなりません。

　内部管理体制として決定しなければならない事項は次のとおりです。なお、これらの体制の内容は法人の事務処理体制等に応じて法人（理事会）の自主的な判断に基づき決定されるべきものであり、その具体的内容の確認までは要さないとされています。

【内部管理体制の整備に係る決定事項】

1　理事の職務の執行に係る情報の保存及び管理に関する体制

2　損失の危険の管理に関する規程その他の体制

3　理事の職務の執行が効率的に行われることを確保するための体制

4　職員の職務の執行が法令及び定款に適合することを確保するための体制

5　監事がその職務を補助すべき職員を置くことを求めた場合における当該職員に関する事項

6　5の職員の理事からの独立性に関する事項

7　監事の5の職員に対する指示の実効性の確保に関する事項

8　理事及び職員が監事に報告をするための体制その他の監事への報告に関する体制

9　8の報告をした者が当該報告をしたことを理由として不利な取扱いを受けないことを確保するための体制

10　監事の職務の執行について生ずる費用の前払又は償還の手続その他の当該職務の執行について生ずる費用又は債務の処理に係る方針に関する事項

11　その他監事の監査が実効的に行われることを確保するための体制

（参考例）

　内部管理体制の基本方針

　本○○福祉会は、平成○○年○月○日、理事会において、理事の職務執行が法令・定款に適合すること、及び業務の適正を確保するための体制の整備に関し、本○○福祉会の基本方針を以下のとおり決定した。

1　経営に関する管理体制

①　理事会は、定時に開催するほか、必要に応じて臨時に開催し、法令・定款、評議員会の決議に従い、業務執行上の重要事項を審議・決定するとともに、理事の職務執行を監督する。

②　「理事会運営規則」及び「評議員会運営規則」に基づき、理事会及び評議員会の役割、権限及び体制を明確にし、適切な理事会及び評議員会の運営を行う。

③ 業務を執行する理事等で組織する経営戦略等に関する会議体（以下「経営会議等」という。）を定期的又は臨時に開催し、業務執行上における重要事項について機動的、多面的に審議する。

④ 「理事職務権限規程」に基づき、業務を執行する理事の担当業務を明確化し、事業運営の適切かつ迅速な推進を図る。

⑤ 職務分掌・決裁権限を明確にし、理事、職員等の職務執行の適正性を確保するとともに、機動的な業務執行と有効性・効率性を高める。

⑥ 評議員会、理事会、経営会議等の重要会議の議事録その他理事の職務執行に係る情報については、定款及び規程に基づき、適切に作成、保存及び管理する。

⑦ 業務執行機関からの独立性を有する内部監査部門を設置し、業務の適正及び効率性を確保するため、業務を執行する各部の職務執行状況等を定期的に監査する。

2　リスク管理に関する体制

① リスク管理に関し、体制及び規程を整備し、役割権限等を明確にする。

② 「個人情報保護方針」及び「個人情報保護に関する諸規程」に基づき、個人情報の保護と適切な管理を行う。

③ 事業活動に関するリスクについては、法令や当協会内の規程等に基づき、職務執行部署が自律的に管理することを基本とする。

④ リスクの統括管理については、内部監査部門が一元的に行うとともに、重要リスクが漏れなく適切に管理されているかを適宜監査し、その結果について業務を執行する理事及び経営会議等に報告する。

⑤ 当会の経営に重大な影響を及ぼすおそれのある重要リスクについては、経営会議等で審議し、必要に応じて対策等の必要な事項を決定する。

⑥ 大規模自然災害、新型インフルエンザその他の非常災害等の発生に備え、対応組織や情報連絡体制等について規程等を定めるとともに、継続的な教育と定期的な訓練を実施する。

3　コンプライアンスに関する管理体制

①　理事及び職員が法令並びに定款及び当会の規程を遵守し、確固たる倫理観をもって事業活動等を行う組織風土を高めるために、コンプライアンスに関する規程等を定める。

②　当会のすべての役職員のコンプライアンス意識の醸成と定着を推進するため、不正防止等に関わる役職員への教育及び啓発活動を継続して実施、周知徹底を図る。

③　当会の内外から匿名相談できる通報窓口を常設して、不正の未然防止を図るとともに、速やかな調査と是正を行う体制を推進する。コンプライアンスに関する相談又は違反に係る通報をしたことを理由に、不利益な取扱いは行わない。

④　内部監査部門は、職員等の職務執行状況について、コンプライアンスの観点から監査し、その結果を経営会議等に報告する。理事等は、当該監査結果を踏まえ、所要の改善を図る。

4　監査環境の整備（監事の監査業務の適正性を確保するための体制）

①　監事は、「監事監査規程」に基づき、公平不偏の立場で監事監査を行う。

②　監事は、理事会等の重要会議への出席並びに重要書類の閲覧、審査及び質問等を通して、理事等の職務執行についての適法性、妥当性に関する監査を行う。

③　監事は、理事会が決定する内部統制システムの整備について、その決議及び決定内容の適正性について監査を行う。

④　監事は、重要な書類及び情報について、その整備・保存・管理及び開示の状況など、情報保存管理体制及び情報開示体制の監査を行う。

⑤　監事の職務を補助するものとして、独立性を有するスタッフを配置する。

⑥　理事又は職員等は、当会に著しい損害を与えるおそれのある事実又は法令、定款その他の規程等に反する行為等を発見した時は、直ちに理事長、業務執行理事並びに監事に報告する。

⑦　理事及び職員等は、職務執行状況等について、監事が報告を求めた場合には、速やかにこれに応じる。

⑧　理事長は、定期的に監事と会合を持つなどにより、事業の遂行と活動の健全な発展に向けて意見交換を図り、相互認識を深める。

3. 評議員・評議員会

項目	監査事項	根拠	チェックポイント
（1）評議員の選任	1　法律の要件を満たす者が適正な手続により選任されているか。	法第39条	○　定款の定めるところにより、社会福祉法人の適正な運営に必要な識見を有する者が選任されているか。
	2　評議員となることができない者又は適当ではない者が選任されていないいか。	法第40条 第1項 第2項 第4項 第5項 第61条 第1項 審査基準 第3の1の （1） （3） （4） （5） （6）	○　欠格事由に該当する者が選任されていないか。 ○　当該法人の役員又は職員を兼ねていないか。 ○　当該法人の各評議員、各役員と特殊の関係にある者が選任されていないか。 ○　社会福祉協議会にあっては、関係行政庁の職員が評議員の総数の5分の1を超えて選任されていないか。 ○　実際に評議員会に参加できない者が名目的に選任されていないか。

116

			○　地方公共団体の長等特定の公職にある者が慣例的に評議員として選任されていないか。
			○　暴力団員等の反社会的勢力の者が評議員となっていないか。
	3　評議員の数は、法令及び定款に定める員数となっているか。	法第40条第3項	○　評議員の数は、定款で定めた理事の員数を超えているか。
（2）評議員会の招集・運営	1　評議員会の招集が適正に行われているか。	法第45条の9第1項 一般法人法第181条第182条 法第45条の29 規則第2条の12	○　評議員会の招集通知を期限までに評議員に発しているか。 ○　招集通知に記載しなければならない事項は理事会の決議によっているか。 ○　定時評議員会が毎会計年度終了後一定の時期に招集されているか。
	2　決議が適正に行われているか。	法第45条の9第6項から第8項まで 一般法人法第194条第1項第195条	○　決議に必要な数の評議員が出席し、必要な数の賛成をもって行われているか。 ○　決議が必要な事項について、決議が行われているか。 ○　特別決議は必要数の賛成をもって行われているか。

5

社会福祉法人指導監査ガイドライン

			○　決議について特別の利害関係を有する評議員が議決に加わっていないか。
			○　評議員会の決議があったとみなされた場合（決議を省略した場合）や評議員会への報告があったとみなされた場合（報告を省略した場合）に、評議員の全員の書面又は電磁的記録による同意の意思表示があるか。
	3　評議員会について、適正に記録の作成、保存を行っているか。	法第45条の9 一般法人法第194条第1項第2項 法第45条の11第1項から第3項まで 規則第2条の15	○　厚生労働省令に定めるところにより、議事録を作成しているか。 ○　議事録を法人の事務所に法定の期間備え置いているか。 ○　評議員会の決議があったとみなされた場合（決議を省略した場合）に、同意の書面又は電磁的記録を法人の主たる事務所に法定の期間備え置いているか。

項目	監査事項	根拠	チェックポイント
	4　決算手続は、法令及び定款の定めに従い、適正に行われているか。	法第45条の19 第45条の30 第45条の31 規則第2条の39 第2条の40	○　計算関係書類等について、監事の監査を受けているか。 ○　会計監査人設置法人は、計算関係書類等について、会計監査人の監査を受けているか。 ○　計算関係書類等は理事会の承認を受けているか。 ○　会計監査人設置法人以外の法人は、計算書類及び財産目録について、定時評議員会の承認を受けているか。 ○　会計監査人設置法人は、計算書類及び財産目録を定時評議員会に報告しているか。

4．理事

項目	監査事項	根拠	チェックポイント
（1）定数	1　法に規定された員数が定款に定められ、その定款に定める員数を満たす選任がされているか。	法第44条第3項 第45条の7	○　定款に定める員数が選任されているか。 ○　定款で定めた員数の3分の1を超える者が欠けたときは遅滞なく補充しているか。 ○　欠員が生じていないか。
（2）選任及び解任	1　理事は法令及び定款に定める手続により選任又は解任されているか。	法第43条第1項 第45条の4	○　評議員会の決議により選任又は解任されているか。 ○　理事の解任は、法に定める解任事由に該当しているか。
（3）適格性	1　理事となることができない者又は適切ではない者が選任されていないか。	法第44条第1項により準用される 法第40条第1項 第44条第6項 （参考） 法第61条第1項	○　欠格事由を有する者が選任されていないか。 ○　各理事について、特殊の関係にある者が上限を超えて含まれていないか。 ○　社会福祉協議会にあっては、関係行政庁の職員が役員の総数の5分の1までとなっているか。 ○　実際に法人運営に参加できない者が名目的に選任されていないか。

	第109条 から 111条 まで 審査基準 第3の1の (1) (3) (4) (5) (6)	○　地方公共団体の長等特定の公職にある者が慣例的に理事長に就任したり、理事として参加していないか。 ○　暴力団員等の反社会勢力の者が選任されていないか。	
	2　理事として含まれていなければならない者が選任されているか。	法第44条 第4項	○　社会福祉事業の経営に識見を有する者が選任されているか。 ○　当該社会福祉法人が行う事業の区域における福祉に関する実情に通じている者が選任されているか。 ○　施設を設置している場合は、当該施設の管理者が選任されているか。
（4）理事長	1　理事長及び業務執行理事は理事会で選定されているか。	法第45条 の13 第3項 第45条の 16 第2項	○　理事会の決議で理事長を選定しているか。 ○　業務執行理事の選定は理事会の決議で行われているか。

項目	監査事項	根拠	チェックポイント
（1）定数	1　法に規定された員数が定款に定められ、その定款に定める員数を満たす選任がされているか。	法第44条第3項 第45条の7第2項による第1項の準用	○　定款に定める員数が選任されているか。 ○　定款で定めた員数の3分の1を超える者が欠けたときは遅滞なく補充しているか。 ○　欠員が生じていないか。
（2）選任及び解任	1　法令及び定款に定める手続により選任又は解任されているか。	法第43条第1項同条3項により準用される一般法人法第72条第1項 法第45条の4第1項 第45条の9第7項第1号	○　評議員会の決議により選任されているか。 ○　評議員会に提出された監事の選任に関する議案は監事の過半数の同意を得ているか。 ○　監事の解任は評議員会の特別決議によっているか。

2　監事となることができない者が選任されていないか。	法第44条第1項により準用される法第40条第1項	○　欠格事由を有する者が選任されていないか。
		○　評議員、理事又は職員を兼ねていないか。
	第40条第2項	○　監事のうちに、各役員について、その配偶者又は三親等以内の親族その他各役員と厚生労働省令で定める特殊の関係にある者が含まれていないか。
	第44条第2項第7項	
	審査基準第3の1の(1)(3)(4)(5)(6)	○　社会福祉協議会にあっては、関係行政庁の職員が役員の総数の5分の1までとなっているか。
		○　実際に法人運営に参加できない者が名目的に選任されていないか。
		○　地方公共団体の長等特定の公職にある者が慣例的に監事に就任していないか。
		○　暴力団員等の反社会勢力の者が選任されていないか。
3　法に定める者が含まれているか。	法第44条第5項	○　社会福祉事業について識見を有する者及び財務管理について識見を有する者が含まれているか。

項目	監査事項	根拠	チェックポイント
(3) 職務・義務	1 法令に定めるところにより業務を行っているか。	法第45条の18 第1項 第45条の28 第1項 第2項 規則 第2条の26から第2条の28まで 第2条の31 第2条の34から第2条の37まで	○ 理事の職務の執行を監査し、厚生労働省令で定めるところにより、監査報告を作成しているか。
		法第45条の18 第3項により準用される一般法人法第100条から第102条まで	○ 理事会への出席義務を履行しているか。

6. 理事会

項目	監査事項	根拠	チェックポイント
（1）審議状況	1　理事会は法令及び定款の定めに従って開催されているか。	法第45条の14第1項 同条第9項により準用される一般法人法第94条第1項第2項	○　権限を有する者が招集しているか。 ○　各理事及び各監事に対して、期限までに招集の通知をしているか。 ○　招集通知の省略は、理事及び監事の全員の同意により行われているか。
	2　理事会の決議は、法令及び定款に定めるところにより行われているか。	法第45条の14第4項第5項	○　決議に必要な数の理事が出席し、必要な数の賛成をもって行われているか。 ○　決議が必要な事項について、決議が行われているか。 ○　決議について特別の利害関係を有する理事が決議に加わっていないか。 ○　理事会で評議員の選任又は解任の決議が行われていないか。 ○　書面による議決権の行使が行われていないか。

	3 理事への権限の委任は適切に行われているか。	法第45条の13第4項	○ 理事に委任できない事項が理事に委任されていないか。
			○ 理事に委任される範囲が明確になっているか。
	4 法令又は定款に定めるところにより、理事長等が、職務の執行状況について、理事会に報告をしているか。	法第45条の16第3項	○ 実際に開催された理事会において、必要な回数以上報告がされているか。
（2）記録	1 法令で定めるところにより議事録が作成され、保存されているか。	法第45条の14第6項第7項	○ 法令で定めるところにより議事録が作成されているか。
			○ 議事録に、法令又は定款で定める議事録署名人が署名又は記名押印がされているか。
		第45条の15第1項	○ 議事録が電磁的記録で作成されている場合、必要な措置をしているか。
			○ 議事録又は同意の意思表示の書面等を主たる事務所に必要な期間備え置いているか。
（3）債権債務の状況	1 借入は、適正に行われているか。	第45条の13第4項第2号	○ 借入（多額の借財に限る。）は、理事会の決議を受けて行われているか。

指導監査ガイドラインⅠ　6-（3）　新たな借入について

借入は、適正に行われているか（第45条の13第4項第2号）

　多額の借入については、法人の経営に影響を与えるおそれがあるため、理事会が理事長等の理事に委任することができないこととされており、これに該当する場合は、理事会の議決がなければ行うことができません。多額の借入の範囲は、理事会が理事長等の理事に委任する範囲として、専決規程等において明確に定めるべきものとされています（**定款例第24条参照**）。

　「日常の業務として理事会が定めるものについては、理事長が専決し、これを理事会に報告する」とされており、法人において定款にこの規定を設ける場合には、「理事会が定めるもの」として専決規程等の規程を定めることとなります。

5
社会福祉法人指導
監査ガイドライン

7. 会計監査人

項目	監査事項	根拠	チェックポイント
	1　会計監査人は定款の定めにより設置されているか。	法第36条第2項 第37条 令第13条の3 （参考）法第45条の6第3項	○　特定社会福祉法人が、会計監査人の設置を定款に定めているか。 ○　会計監査人の設置を定款に定めた法人が、会計監査人を設置しているか。 ○　会計監査人が欠けた場合、遅滞なく会計監査人を選任しているか。

項目	監査事項	根拠	チェックポイント
	2　法令に定めるところにより選任されているか。	法第43条第1項 同条第3項により準用される一般法人法第73条第1項	○　評議員会の決議により適切に選任等がされているか。
	3　法令に定めるところにより会計監査を行っているか。	法第45条の19第1項第2項	○　省令に定めるところにより会計監査報告を作成しているか。 ○　財産目録を監査し、その監査結果を会計監査報告に併せて記載又は記録しているか。

8.　評議員、理事、監事及び会計監査人の報酬

項目	監査事項	根拠	チェックポイント
（1）報酬	1　評議員の報酬等の額が法令で定めるところにより定められているか。	法第45条の8第4項により準用される一般法人法第196条	○　評議員の報酬等の額が定款で定められているか。

2　理事の報酬等の額が法令に定めるところにより定められているか。	法第 45 条の 16 第 4 項により準用される一般法人法第 89 条	○　理事の報酬等の額が定款又は評議員会の決議によって定められているか。
3　監事の報酬等の額が法令に定めるところにより定められているか。	法第 45 条の 18 第 3 項により準用される一般法人法第 105 条第 1 項第 2 項	○　監事の報酬等が定款又は評議員会の決議によって定めているか。 ○　定款又は評議員会の決議によって監事の報酬総額のみが決定されているときは、その具体的な配分は、監事の協議によって定められているか。
4　会計監査人の報酬等が法令に定めるところにより定められているか。	法第 45 条の 19 第 6 項により準用される一般法人法第 110 条	○　会計監査人の報酬等を定める場合に、監事の過半数の同意を得ているか。
(2) 報酬等支給基準 **1　役員及び評議員に対する報酬等の支給基準について、法令に定める手続により定め、公表しているか。**	法第 45 条の 35 第 1 項第 2 項 規則第 2 条の 42	○　理事、監事及び評議員に対する報酬等について、厚生労働省令で定めるところにより、支給の基準を定め、評議員会の承認を受けているか。

		法第59条の2 第1項 第2号 規則 第10条	○　理事、監事及び評議員に対する報酬等の支給の基準を公表しているか。
（3）報酬の支給	1　役員及び評議員の報酬等が法令等に定めるところにより支給されているか。	法第45条の8第4項により準用される 一般法人法 第196条 第45条の16第4項により準用される 一般法人法 第89条 第45条の18第3項により準用される 一般法人法 第105条 第1項 第45条の35 第1項 第2項 規則 第2条の42	○　評議員の報酬等が定款に定められた額及び報酬等の支給基準に従って支給されているか。 ○　役員の報酬等が定款又は評議員会の決議により定められた額及び報酬等の支給基準に従って支給されているか。

事業

1. 事業一般

項目	監査事項	根拠	チェックポイント
	1　定款に従って事業を実施しているか。	法第31条第1項	○　定款に定めている事業が実施されているか。 ○　定款に定めていない事業が実施されていないか。
	2　「地域における公益的な取組」を実施しているか。	法第24条第2項	○　社会福祉事業及び公益事業を行うに当たり、日常生活若しくは社会生活上の支援を必要とする者に対して、無料又は低額な料金で、福祉サービスを積極的に提供するよう努めているか。

5
社会福祉法人指導
監査ガイドライン

2. 社会福祉事業

項目	監査事項	根拠	チェックポイント
	1　社会福祉事業を行うことを目的とする法人として適正に実施されているか。	法第22条第26条第1項 審査基準第1の1の(1)	○　当該法人の事業のうち主たる地位を占めるものであるか。 ○　社会福祉事業で得た収入を、法令・通知上認められていない使途に充てていないか。
	2　社会福祉事業を行うために必要な資産を有しているか。	法第25条 審査基準第2の1、2の(1)	○　社会福祉事業を行うために必要な資産が確保されているか。

3. 公益事業

項目	監査事項	根拠	チェックポイント
	1　社会福祉事業を行うことを目的とする法人が行う公益事業として適正に実施されているか。	法第26条第1項	○　社会福祉と関係があり、また、公益性があるものであるか。 ○　公益事業の経営により、社会福祉事業の経営に支障を来していないか。 ○　公益事業の規模が社会福祉事業の規模を超えていないか。

４．収益事業

項目	監査事項	根拠	チェックポイント
	1 　法に基づき適正に実施されているか。	法第26条	○　社会福祉事業又は政令で定める公益事業の経営に収益が充てられているか。 ○　収益事業の経営により、社会福祉事業の経営に支障を来していないか。
	2 　法人が行う事業として法令上認められるものであるか。	審査基準 第1の3の （2） （4） （5） 審査要領 第1の3の （2） （3）	○　事業規模が社会福祉事業の規模を超えていないか。 ○　法人の社会的信用を傷つけるおそれのあるもの又は投機的なものでないか。 ○　当該事業を行うことにより当該法人の社会福祉事業の円滑な遂行を妨げるおそれがあるものでないか。

3 管理

1. 人事管理

項目	監査事項	根拠	チェックポイント
	1　法令に従い、職員の任免等人事管理を行っているか。	法第45条の13第4項第3号	○　重要な役割を担う職員の選任及び解任は、理事会の決議を経て行われているか。 ○　職員の任免は適正な手続により行われているか。

2. 資産管理

項目	監査事項	根拠	チェックポイント
（1）基本財産	1　基本財産の管理運用が適切になされているか。	法第25条 審査基準第2の1の（1）	○　法人の所有する社会福祉事業の用に供する不動産は、全て基本財産として定款に記載されているか。 　また、当該不動産の所有権の登記がなされているか。 ○　所轄庁の承認を得ずに、基本財産を処分し、貸与し又は担保に供していないか。 ○　基本財産の管理運用は、安全、確実な方法、すなわち元本が確実に回収できるものにより行われているか。

（2）基本財産以外の財産	1　基本財産以外の資産の管理運用は適切になされているか。	審査基準 第2の2の（2） 第2の3の（2）	○　基本財産以外の資産（その他財産、公益事業用財産、収益事業用財産）の管理運用にあたって、安全、確実な方法で行われているか。 ○　その他財産のうち社会福祉事業の存続要件となっているものの管理が適正にされ、その処分がみだりに行われていないか。
（3）株式保有	1　株式の保有は適切になされているか。	審査基準 第2の3の（2） 審査要領 第2の（8）から（11）まで	○　株式の保有が法令上認められるものであるか。 ○　株式保有等を行っている場合（全株式の20％以上を保有している場合に限る。）に、所轄庁に必要書類の提出をしているか。
（4）不動産の借用	1　不動産を借用している場合、適正な手続きを行っているか。	審査基準 第2の1の（1） （2）の エ、オ、キ	○　社会福祉事業の用に供する不動産を国又は地方公共団体から借用している場合は、国又は地方公共団体の使用許可等を受けているか。 ○　社会福祉事業の用に供する不動産を国又は地方公共団体以外の者から借用している場合は、その事業の存続に必要な期間の利用権を設定し、かつ、登記がなされているか。

3. 会計管理

項目	監査事項	根拠	チェックポイント
（1）会計の原則	＜「（3）会計処理」に関する着眼点及び取扱いに関する共通事項について＞ ＊下記参照		

会計の原則について　ガイドライン　3-（1）

　法人は、会計省令、運用上の取扱い及び留意事項（以下「会計基準」という。）に従い、会計処理を行い、会計帳簿、計算関係書類及び財産目録を作成しなければなりません（**会計省令第1条第1項**）。

　会計基準において、基準が明示されていない場合には、「一般に公正妥当と認められる社会福祉法人会計の慣行」を斟酌することとされています（**同条第2項**）。なお、会計基準は、原則として、法人が行う全ての事業に関する会計に適用されます（**同条第3項**）。

　法人は、**継続性の原則**により、会計処理の原則及び手続並びに計算書類の表示方法について、毎会計年度継続して適用し、みだりに変更することはできないこととされており（**会計省令第2条第3号**）、重要な会計方針の変更は、「正当な理由による変更」に限られ、計算書類に適切に注記する必要があります。なお、正当な理由による変更とは、会計基準等の改正に伴う変更、法人の事業内容又は事業内外の経営環境の変化に対応して行われるもので会計事象等を計算書類により適切に反映するために行われる変更をいうとされています。

　また、法人は、重要性の判断（**重要性の原則**）により会計基準に定める本来の方法と異なる簡便な方法による会計処理を行うことができます。その判断は、会計処理の原則及び手続並びに計算書類の表示方法に関して適用されることとされています（**会計省令第2条第4号**）。

項目	監査事項	根拠	チェックポイント
（２）規程・体制	1　経理規程を制定しているか。	留意事項1の（4）	○　定款等に定めるところにより、経理規程を制定しているか。 ○　経理規程が遵守されているか。
	2　予算の執行及び資金等の管理に関する体制が整備されているか。	留意事項の（1）、（2）	○　予算の執行及び資金等の管理に関して、会計責任者の設置等の管理運営体制が整備されているか。 ○　会計責任者と出納職員との兼務を避けるなど、内部牽制に配意した体制とされているか。

4. その他

項目	監査事項	根拠	チェックポイント
（１）特別の利益供与の禁止	1　社会福祉法人の関係者に対して特別の利益を与えていないか。	法第27条 令第13条の2 規則第1条の3	○　評議員、理事、監事、職員その他の政令で定める社会福祉法人の関係者に対して特別の利益を与えていないか。

Check Point 指導監査ガイドラインⅢ　4-(1)-1　特別の利益供与について

社会福祉法人の関係者に対して特別の利益を与えていないか

（法第27条、令第13条の2、規則第1条の3）

社会福祉法人は、公益性が高い法人として公費の投入や税の優遇を受けていることから、当該法人の評議員、理事、監事、職員その他の関係者に対して特別の利益を与えてはなりません（**法第 27 条**）。

【特別の利益を与えてはならない関係者の範囲】

1　当該社会福祉法人の設立者、理事、監事、評議員又は職員
2　1の配偶者又は三親等内の親族
3　1、2と事実上婚姻関係と同様の事情にある者
4　1から受ける金銭その他の財産によって生計を維持する者
5　当該法人の設立者が法人である場合は、その法人が事業活動を支配する法人又はその法人の事業活動を支配する者として省令で定める者（規則第1条の3）
　（1）　法人が事業活動を支配する法人
　（2）　法人の事業活動を支配する者

なお、「**特別の利益**」とは、社会通念に照らして合理性を欠く不相当な利益の供与その他の優遇をいいます。

例えば、法人の関係者からの不当に高い価格での物品等の購入や賃借、法人の関係者に対する法人の財産の不当に低い価格又は無償による譲渡や賃貸（規程に基づき福利厚生として社会通念に反しない範囲で行われるものを除く。）、役員等報酬基準や給与規程等に基づかない役員報酬や給与の支給というような場合が該当すると考えられます。

法人は、関係者に対する報酬、給与の支払や法人関係者との取引に関しては、報酬等の支払が役員等報酬基準や給与規程等に基づき行われていることや、これらの規程の運用について根拠なく特定の関係者が優遇されていないこと、取引が定款や経理規程等に定める手続を経て行われていること等関係者への特別の利益の供与ではないことについて、説明責任を負うとされています。

項目	監査事項	根拠	チェックポイント
（2）社会福祉充実計画	1　社会福祉充実計画に従い事業が行われているか。	法第55条の2 第11項	○　社会福祉充実計画に定める事業が計画に沿って行われているか。
（3）情報の公表	1　法令に定める情報の公表を行っているか。	法第59条の2 規則第10条	○　法令に定める事項について、インターネットを利用して公表しているか。
（4）その他	1　福祉サービスの質の評価を行い、サービスの質の向上を図るための措置を講じているか。	法第78条第1項	○　福祉サービス第三者評価事業による第三者評価の受審等の福祉サービスの質の評価を行い、サービスの質の向上を図るための措置を講じているか。

Check Point　指導監査ガイドラインⅢ　4-(4)-1　**第三者評価について**

福祉サービスの質の評価を行い、サービスの質の向上を図るための措置を講じているか（法第78条第1項）

　社会福祉事業の経営者は、自らその提供する福祉サービスの質の評価を行うことその他の措置を講ずることにより、常に福祉サービスを受ける者の立場に立って良質かつ適切な福祉サービスを提供するよう努めなければならないとされています。福祉サービス第三者評価事業は、福祉サービスを提供する事業所のサービスの質を公正・中立な第三者評価機関が専門的かつ客観的な立場から評価し、事業者が施設運営における問題点を把握した上、サービスの質の向上に結びつけること及び受審結果を公表することにより、利用者のサービス選択に資することを目

的としているものであり、法人においては、当該事業による第三者評価（以下、「第三者評価」という。）を積極的に活用し、サービスの質の向上を図るための措置を講じることが望ましいとされています。

項目	監査事項	根拠	チェックポイント
	2　福祉サービスに関する苦情解決の仕組みへの取組が行われているか。	法第82条	○　福祉サービスに関する苦情解決の仕組みへの取組が行われているか。

Check Point 指導監査ガイドラインⅢ　4-(4)-2　苦情解決の仕組み
福祉サービスに関する苦情解決の仕組みへの取組が行われているか
（法第82条）

　社会福祉事業の経営者は、常に、その提供する福祉サービスについて、利用者等からの苦情の適切な解決に努めなければならないとされています。福祉サービスに関する苦情解決の仕組みについては、「社会福祉事業の経営者による福祉サービスに関する苦情解決の仕組みの指針について」（平成12年6月7日付け障第452号・社援第1352号・老発第514号・児発第575号厚生省大臣官房障害保健福祉部長、社会・援護局長、老人保健福祉局長及び児童家庭局長連名通知）において定められているところであり、法人においては、この苦情解決の仕組みを整備し、活用することにより利用者からの苦情の適切な解決に努めていくことが求められています。

　苦情解決の仕組みの整備については、苦情解決の体制整備、手順の決定及びそれらの利用者等への周知を行うことが求められます。

項目	監査事項	根拠	チェックポイント
	3　当該法人が登記しなければならない事項について期限までに登記がなされているか。	法第29条 組合等登記令 （昭和39年政令第29号）	○　登記事項（資産の総額を除く）について変更が生じた場合、2週間以内に変更登記をしているか。 ○　資産の総額については、会計年度終了後3ヶ月以内に変更登記をしているか。

Check Point 指導監査ガイドラインⅢ　4-(4)-3　法人登記について

当該法人が登記しなければならない事項について期限までに登記がなされているか（法第29条、組合等登記令（昭和39年政令第29号））

　法人は、その主たる事務所の所在地において設立の登記をすることによって成立する（**法第34条**）こととされています。登記事項の変更がある場合は、政令に定めるところにより、変更の登記をしなければなりません。

【登記事項（組合等登記令第2条及び別表）】
　　・目的及び業務　　・名称　　・事務所の所在場所
　　・代表権（注3）を有する者の氏名、住所及び資格
　　・存続期間又は解散の事由を定めたときは、その期間又は事由
　　・資産の総額

【変更登記の期限（組合等登記令第3条）】
　資産の総額以外の登記事項の変更については、**変更が生じたときから2週間以内**、資産の総額については、**毎事業年度の末日から3ヶ月以内（毎年度6月末まで）**。

項目	監査事項	根拠	チェックポイント
	4　契約等が適正に行われているか。	入札通知 徹底通知 5の （2）ウ （6）エ	○　法人印及び代表者印の管理について管理が十分に行われているか。 ○　理事長が契約について職員に委任する場合は、その範囲を明確に定めているか。 ○　随意契約を行っている場合は一般的な基準に照らし合わせて適当か。

Check Point 指導監査ガイドラインⅢ　4-(4)-4　契約・入札について
契約等が適正に行われているか（入札通知、徹底通知5の（2）ウ、（6）エ）

　法人印及び代表者印など、その現物の管理者が定められているかなど管理状況が適切であるか確認する必要があります。

　契約事務においては、理事長が職員に委任する場合には、経理規程等によりその範囲を明確に定める必要があります。随意契約を行っている場合は、入札通知により適正に行われているか確認が必要です。

確認テスト

答え：P.241

① 社会福祉法人に関する以下の内容が正しいものには○、間違っているものには×を解答欄に記入しなさい。

（1）社会福祉法人は、公益性が高い法人として公費の投入や税の優遇を受けていることから、当該法人の評議員、理事、監事、職員その他の関係者に対して特別の利益を与えてはならない。

5

社会福祉法人指導
監査ガイドライン

（2）特定社会福祉法人は、経営組織のガバナンスの強化を図るため、理事の職務の執行が法令及び定款に適合することを確保するための体制その他社会福祉法人の業務の適正を確保するために必要な体制（内部管理体制）の整備の決定を理事会で行うことが義務付けられている。

（3）予算の執行及び資金等の管理に関して、会計責任者の設置等の管理運営体制の整備とともに、内部牽制に配意した業務分担を行う。

（4）多額の借入れを行う場合は理事長の承認が必要である。

（5）特別な利益供与の関係者の範囲には、当該社会福祉法人の設立者、理事、監事、評議員又は職員は含まれるが、これらの配偶者は含まれない。

答案用紙

（1）	（2）	（3）	（4）	（5）

❷ 次の文章の（　　　）に当てはまる適切な語句を記入しなさい。

（1）社会福祉法人は、社会福祉事業及び公益事業を行うに当たり、日常生活若しくは社会生活上の支援を必要とする者に対して、（　　　　）又は（　　　　　　）で、福祉サービスを積極的に提供するよう努めなければならない。

（2）社会福祉法人は、その主たる事務所の所在地において（　　　　　　）をすることによって成立する。

（3）法人は、会計省令、運用上の取扱い及び留意事項に従い、会計処理を行い、（　　　　　　）、計算関係書類及び財産目録を作成しなければならない。

（4）資産の総額を除く登記事項について変更が生じた場合、（　　　　　　）に変更登記をしなくてはならない。

（5）社会福祉法人は、定款について認可を受けたときは、その定款を（　　　　　　）及び（　　　　　　　）に備え置かなければならない。

第6章

資金使途制限通知

1 資金使途制限の全般的な扱い

2 介護保険事業の資金使途制限

3 障害福祉事業の資金使途制限

4 障害児入所施設等の資金使途制限

5 措置費施設の資金使途制限

6 保育所の資金使途制限

　社会福祉法人は、その経営の財源のほとんどが寄附金収益や補助金収益で成り立っています。そのため、資金の使い道については厳しく制限されています。

　また、事業別の資金使途が細かく決められています。

　この章では、社会福祉法人における一般的な資金使途に加え、各事業別の資金使途制限について学習していきます。

資金使途制限の全般的な扱い

使途制限

社会福祉法人は、その公益性・非営利性の観点から、「**資金の使途**（使用目的）」に関して厳しく制限されています。

資金使途制限の全般的な扱い

社会福祉法人は、社会福祉事業を行うことを目的に設立されます。そして、社会福祉法人が経営する社会福祉事業に支障がない限り、「公益事業」や「収益事業」を行うことが認められています。（**法第26条**）

つまり、社会福祉法人は社会福祉事業を運営することを主な目的としていることから、それぞれの事業で生じた剰余金の使途については次のような制限があります。

- **社会福祉事業で生じた剰余金は原則として公益事業、収益事業に充てることはできません（指導監査ガイドラインⅡ2-1）。**
- **公益事業で生じた剰余金は社会福祉事業又は公益事業に充てることとされています（審査基準第1-2（6））。**
- **収益事業で生じた剰余金は、社会福祉事業又は一部の公益事業（テキスト91ページ「定款例第35条（備考2）」のCheck Point参照）に充てることとされています（審査基準第1-3（1）（3））。**

なお、「**介護報酬**」「**自立支援給付費**」「**保育委託費**」「**措置費**」など各福祉サービスに関する収入については、通知の定めにより、法人本部への繰入れや他の社会福祉事業又は公益事業への充当が一定の範囲で認められています。

資金使途制限イメージ

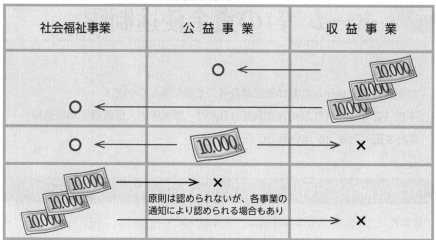

社会福祉事業	公 益 事 業	収 益 事 業

資金使途制限通知については、事業ごとに通知が出ています。
以降の項目では、各事業についての使途制限通知を確認しましょう。

介護保険事業(特別養護老人ホーム等)の資金使途制限

【通知】
「特別養護老人ホームにおける繰越金等の取扱い等について」
(平成12年3月10日付け老発第188号　厚生省老人保健福祉局長通知
最終改正:平成26年6月30日)

介護保険事業 (特別養護老人ホーム等)

資金使途制限の対象となる施設は次のとおりです。

・指定介護老人福祉施設である特別養護老人ホーム
・社会福祉法人が行う指定居宅サービス事業等

介護保険事業の資金使途制限

　介護保険事業の事業者は、利用者に対してサービスを提供した対価として「**介護報酬**」を受け取ります。そのため、介護報酬を主たる財源とする施設等の運営に要する経費などの資金の使途については、原則として制限はありません。

　ただし、次の点に留意する必要があります。

１．以下の経費に充てることはできません。
　・収益事業に要する経費
　・社会福祉法人外への資金の流出(貸付を含む)に属する経費
　・高額な役員報酬など実質的に剰余金の配当と認められる経費

2．他の事業への資金の繰入や貸付の制限

項目	相手事業	制限
他の事業への繰入	①（下記②を除く） 　他の社会福祉事業等、公益事業	事業活動資金収支差額がプラス、かつ、当期資金収支差額合計に資金不足が生じない範囲で充当可能
	②居宅サービス等	当期末支払資金残高に資金不足が生じない範囲で充当可能
他の事業への繰替使用 （資金の貸付）	①（下記②を除く） 　他の社会福祉事業等、公益事業、収益事業	年度内に精算しなければならない
	②居宅サービス等	制限なし

【居宅サービス等の範囲】

　介護保険法第23条において「居宅サービス等」とされる次の事業

「居宅サービス、地域密着型サービス、居宅介護支援、施設サービス、介護予防サービス、地域密着型介護予防サービス若しくは介護予防支援（これらに相当するサービスを含む。）」

6

資金使途制限通知

3 障害福祉事業（障害者支援施設等）の資金使途制限

【通知】

「障害者自立支援法の施行に伴う移行時積立金等の取扱いについて」

平成18年10月18日付け障発第1018003号厚生労働省社会・援護局障害保健福祉部長通知　最終改正：平成19年3月30日

※通知を読む際の注意点

　　この通知は平成12年に導入された旧会計基準を元に作成されており、その後改正がされていません。そのため、現行の会計基準では使われない用語が通知で使用されており、現在使用されている用語との整合性に注意をしながら読む必要があります。

※障害児入所施設等を対象とする資金使途制限については別途通知が発出されています。「154ページ　④　障害児入所施設等の資金使途制限」を参照してください。

障害福祉事業（障害者支援施設等）

資金使途制限の対象となる施設は次のとおりです。

・**指定障害者支援施設等（通知　第1-3（1））**

　指定障害福祉サービス、基準該当障害福祉サービス、指定相談支援を行う事業所、指定障害者支援施設又は特定旧法指定施設

障害福祉事業の資金使途制限

　障害福祉事業の事業者は、利用者に対してサービスを提供した対価として「**自立支援給付費（自立支援医療費を除く）**」を受け取ります。そのため、自立支援給付費を主たる財源とする施設等の運営に要する経費などの資金の使途については、原則として制限はありません。

ただし、次の点に留意する必要があります。

1．以下の経費に充てることはできません。

・収益事業に要する経費

・社会福祉法人外への資金の流出（貸付を含む）に属する経費

・高額な役員報酬など実質的に剰余金の配当と認められる経費

2．他の事業への資金の繰入や貸付の制限

項目	相手事業	制限
他の事業への繰入	①（下記②を除く） 　　他の社会福祉事業、公益事業	事業活動資金収支差額がプラス、かつ、当期資金収支差額合計に資金不足が生じない範囲で充当可能
	②指定障害者支援施設等	当期末支払資金残高に資金不足が生じない範囲で充当可能
他の事業への繰替使用（資金の貸付）	他の社会福祉事業、公益事業、収益事業	年度内に精算しなければならない

障害児入所施設等の資金使途制限

【通知】

「指定障害児入所施設等における障害児入所給付費等の取扱いについて」

（平成24年8月20日　障発0820第8号　厚生労働省社会・援護局障害保健福祉部長通知）

障害児入所施設等

資金使途制限の対象となる施設は次のとおりです。

- ・指定障害児入所施設、指定発達支援医療機関
- ・指定医療機関
- ・障害児通所支援事業所

障害児入所施設等の資金使途制限

　指定障害児入所施設等の事業者は、利用者に対してサービスを提供した対価として「障害児入所給付費」または「障害児通所給付費」を受け取ります。そのため、これらの給付費を主たる財源とする施設等の運営に要する経費などの資金の使途については、原則として制限はありません。

　ただし、次の点に留意する必要があります。

１．以下の経費に充てることはできません。

- ・公益事業（事業規模が小さく、社会福祉事業を推進するために社会福祉施設の運営と一体的に運営が行われる事業を除く）及び収益事業に要する経費
- ・社会福祉法人外への資金の流出（貸付を含む）に属する経費
- ・高額な役員報酬など実質的に剰余金の配当と認められる経費

2．他の事業への資金の繰入や貸付の制限

項目	相手事業	制限
他の事業への繰入	①（下記②を除く） 　他の社会福祉事業等（公益事業及び収益事業を除く）	事業活動資金収支差額がプラス、かつ、当期資金収支差額合計に資金不足が生じない範囲で充当可能
	②指定障害児入所施設等	当期末支払資金残高に資金不足が生じない範囲で充当可能
他の事業への繰替使用（資金の貸付）	他の社会福祉事業、公益事業、収益事業	年度内に精算しなければならない

5 措置費施設の資金使途制限

【通知】

「社会福祉法人が経営する社会福祉施設における運営費の運用及び指導について」

（平成16年3月12日　雇児発第0312001号　社援発第0312001号

老発第0312001号厚生労働省雇用均等・児童家庭局長、社会・援護局長及

び老健局長連名通知　最終改正：平成29年3月29日）

措置費支弁対象施設に対する措置費

措置費支弁対象施設に対して行政から支払われる「措置費」は、その財源が税金等で賄われており公的な性格を有していることから、その**使途が厳格に制限されています**。

措置費は、原則として当該施設の人件費、管理費、事業費といったそれぞれの目的に沿った支出が求められており、他の事業への資金の繰り入れ等、目的以外の支出は認められていません。

ただし、一定の要件を満たすことで、例外的に弾力的な運用が認められています。

措置費支弁対象施設

資金使途制限の対象となる施設は次のとおりです。

- ・生活保護法による保護施設
- ・身体障害者福祉法による視聴覚障害者情報提供施設
- ・老人福祉法による養護老人ホーム
- ・売春防止法による婦人保護施設
- ・児童福祉法による児童福祉施設（保育所を除く）、自立援助ホーム、及びファミリーホーム

措置費支弁対象施設における弾力運用の要件

　措置費支弁対象施設における弾力運用については、**次の要件を全て満たすこと**が必要です。

- ・指導監査等において適切な法人運営・施設運営が確保されていると認められること
- ・計算書類・財産目録が公開されていること
- ・第三者評価の受審又は苦情解決の取り組みを毎年度実施していること

　つまり、適正な事業運営及び利用者本位のサービス提供が確保されていると認められる場合に弾力運用が認められています。（なお、第三者評価又は苦情解決の取り組みの要件を満たさない場合は、利用者保護に係る取組などが不十分であるため、弾力運用の扱いが一部制限されます。）

措置費支弁対象施設に対する弾力運用について

項目	内容
人件費、管理費、事業費の区分を超えての流用	各経費区分に関わらず、施設における人件費、管理費又は事業費に充当が可能
他の事業への繰入	民間施設給与等改善費加算額を限度として、社会福祉施設等（通知別表3に示される施設）の整備等に係る経費として借入れた福祉医療機構等からの借入金の償還金及び利息への充当が可能
	預貯金の利息等の収入は、次の経費等に充当が可能 ・福祉医療機構等からの借入金の償還金及び利息 ・法人本部の運営に要する経費 ・第1種及び第2種社会福祉事業の運営に要する経費 ・公益事業の運営に要する経費
積立金の積立	使用計画を作成の上、次の積立金の積立てが可能 ・人件費積立金 ・施設整備等積立金
前期末支払資金残高の取崩	理事会の承認を得た上で、次の経費に充当が可能 ・当該施設の人件費、光熱水料等通常経費の不足分を補填 ・法人本部の運営に要する経費 ・第1種社会福祉事業及び第2種社会福祉事業運営に要する経費 ・公益事業の運営に要する経費
当期末支払資金残高の保有限度	当該年度の運営費（措置費）収入の30%以下
他の事業等への繰替使用（資金の貸付）	経営上止むを得ない場合に、当該年度に限って認められる。

保育所の資金使途制限

【通知】

「子ども・子育て支援法附則第6条の規定による私立保育所に対する委託費の経理等について」

（平成 27 年 9 月 3 日　府子本第 254 号　雇児発 0903 第 6 号　内閣府子ども・子育て本部統括官及び厚生労働省雇用均等・児童家庭局長連名通知　最終改正：平成 30 年 4 月 16 日）

保育所に対する委託費

　保育施設に対して行政から支払われる委託費は、その財源が税金等で賄われており公的な性格を有していることから、その**使途が厳格に制限されています。**

　委託費は、原則として当該保育所の人件費、管理費、事業費といった、それぞれの目的に沿った支出が求められており、他の事業への資金の繰り入れ等の目的以外の支出は認められていません。

　ただし、適切な施設運営が確保されていること（一定の要件を満たしていること）を前提に、例外的に弾力的な運用が認められています。

保育所に対する弾力運用の要件

　保育所における弾力運用については以下の要件が与えられており、それぞれの要件を満たすことで段階的に弾力運用の範囲が緩和されます。

【要件1】　適切な運営に関する一定の基準を満たす（1 〜 7 のすべてを満たす）こと

1　児童福祉法（昭和 22 年法律第 164 号）第 45 条第 1 項の基準が遵守されていること。
2　委託費に係る交付基準及びそれに関する通知等に示す職員の配置等の事項が遵守されていること。

3　給与に関する規程が整備され、その規程により適正な給与水準が維持されている等人件費の運用が適正に行われていること。

4　給食について必要な栄養量が確保され、嗜好を生かした調理がなされているとともに、日常生活について必要な諸経費が適正に確保されていること。

5　入所児童に係る保育が保育所保育指針（平成20年3月28日厚生労働省告示第141号）を踏まえているとともに、処遇上必要な設備が整備されているなど、児童の処遇が適切であること。

6　運営・経営の責任者である理事長等の役員、施設長及び職員が国等の行う研修会に積極的に参加するなど役職員の資質の向上に努めていること。

7　その他保育所運営以外の事業を含む当該保育所の設置者の運営について、問題となる事由がないこと。

【要件2】　積極的な園児の受入れ等の事業（以下のいずれかの事業）を実施していること

・延長保育事業（これと同様の事業と認められるものを含む）
・一時預かり事業　・一時保育促進事業
・乳児保育（3人以上の受入等）
・地域子育て支援拠点事業
・特別児童扶養手当の支給対象障害児の受入れ
・家庭支援推進保育事業（これと同様の事業と認められるものを含む）
・休日保育、病児保育事業（これと同様の事業と認められるものを含む）

【要件3】　保育サービスの質の向上に努めている（以下の1〜3の全てを満たす）こと

1　「社会福祉法人会計基準」に基づく資金収支計算書、事業区分資金収支内訳表、拠点区分資金収支計算書及び拠点区分資金収支明細書を保育所に備え付け、閲覧に供すること。

2　毎年度、次のア又はイが実施されていること。
　ア　第三者評価加算の認定を受け、サービスの質の向上に努めること。

イ　「社会福祉事業の経営者による福祉サービスに関する苦情解決の仕組みの指針について」（平成12年6月7日障第452号・社援第1352号・老発第514号・児発第575号）により、入所者等に対して苦情解決の仕組みが周知されており、第三者委員を設置して適切な対応を行っているとともに、入所者等からのサービスに係る苦情内容及び解決結果の定期的な公表を行うなど、利用者の保護に努めること。

3　処遇改善等加算の賃金改善要件（キャリアパス要件も含む。）のいずれも満たしていること。

保育所に対する弾力運用の段階的緩和

前述した各要件を満たすことで、弾力運用の範囲が段階的に緩和されます。

＜段階的緩和のイメージ＞

【要件1】　適正な運営に関する一定の基準を満たす場合

・人件費・管理費・事業費の各区分に関わらず、当該保育所のそれぞれの費用に充当可能。

・次年度以降の当該保育所の経費に充てるため積立資産（人件費積立資産、修繕費積立資産、備品等購入積立資産）の積立が可能。

さらに、【要件2】積極的な園児の受入れ等の事業を実施している場合

・処遇改善等加算の基礎分相当額の範囲内で、同一設置者が設置する他の保育所等の施設設備の整備、修繕等に要する経費等に充当可能。

さらに、【要件3】保育サービスの質の向上に努めている場合

・処遇改善等加算の基礎分相当額の範囲内で、同一設置者が運営する子育て支援事業、他の社会福祉施設等の施設設備の整備、修繕、土地の取得費等に要する経費等に充当可能。

・委託費の3か月分の範囲内で同一設置者が設置する他の保育所等、子育て支援事業の施設設備の整備、修繕、土地の取得費等に要する経費等に充当可能。

・保育所施設・設備整備積立資産（土地の取得費を含む）の積立てが可能。

＜弾力運用の主な内容＞

項目	内容	満たすべき要件
人件費・事業費・管理費区分間の充当	各区分にかかわらず充当が可能	要件1まで
資金の繰り入れ（他の保育所等へ）	①限度：処遇改善等加算の基礎分（以下「改善基礎分」） ②使途：通知別表2の経費（建物、設備の整備・修繕、環境の改善など※土地の取得は含みません）に充当可能	要件2まで
（他の保育所等へ）	①限度：委託費の3か月分 ②使途：通知別表5の経費（建物、設備の整備・修繕、環境の改善、土地の取得など）に充当可能	要件3まで
（子育て支援事業へ）	①限度：改善基礎分又は委託費の3か月分 ②使途：通知別表3の経費（建物、設備の整備・修繕、環境の改善、土地の取得など）に充当可能	要件3まで
（社会福祉施設等へ）	①限度：改善基礎分 ②使途：通知別表4の経費（建物、設備の整備・修繕、環境の改善、土地の取得など）に充当可能	要件3まで

項目	内容	クリアすべき要件
積立資産の積立	人件費積立資産 修繕積立資産 備品等購入積立資産	要件1まで
	上記3つに加え、 保育所施設・設備整備積立資産	要件2まで
	人件費積立資産 保育所施設・設備整備積立資産（修繕積立資産、備品等購入積立資産を統合※土地の取得費を含む）	要件3まで
積立資産の目的外使用	【原則】所轄庁との事前協議が必要	−
	理事会の承認をもって可能	要件3まで
前期末支払資金残高の取崩	【原則】所轄庁との事前協議が必要（自然災害その他止むを得ない事由、事業活動収入計（予算額）の3％以下の場合は事前協議省略可能）	−
	理事会の承認を得た上で、以下の経費に充当することができる。 ・当該施設の人件費、光熱水料等通常経費の不足分を補填 ・法人本部の運営に要する経費（保育所の運営に関する経費に限られる） ・第1種社会福祉事業及び第2種社会福祉事業並びに子育て支援事業の運営、施設設備の整備等に要する経費	要件3まで

	・同一の設置者が運営する公益事業（子育て支援事業を除く）の運営、施設設備の整備等に要する経費	
当期末支払資金残高の保有限度	当該年度の委託費収入の30％以下	－
他の事業等への繰替使用（資金の貸付）	経営上やむを得ない場合に、当該年度に限って認められる	－

・処遇改善等加算の取扱い

　施設型給付費等に係る処遇改善等加算の取扱いについて（平成27年3月31日府政共生第349号・26文科初第1463号・雇児発0331第10号内閣府政策統括官（共生社会政策担当）・文部科学省初等中等教育局長・厚生労働省雇用均等・児童家庭局長連名通知）」による、処遇改善等加算Ⅰの賃金改善要件分及び処遇改善等加算Ⅱについては、職員の賃金改善に充てることとされていますが、当該通知のⅥの1の（2）のアの（ク）及び2の（2）のクにより、複数の施設を運営する事業者が、同一の事業者内の複数の施設・事業所間で配分する場合には、当該通知において定めるところによるものとされています。

・社会福祉施設等

　「社会福祉法人が経営する社会福祉施設における運営費の運用及び指導について」（平成16年3月12日　雇児発第0312001号　社援発第0312001号　老発第0312001号　平成29年3月29日改正）別表3に示される施設

　なお、認定こども園等に対する「**施設型給付費**」については、委託費のような資金の使途に関する通知はありません。

確認テスト

答え：P.243

❶ 社会福祉法人に関する以下の内容が正しいものには○、間違っているものには×を解答欄に記入しなさい。

（1）介護保険事業における「介護報酬」については、資金に余裕があれば収益事業の経費とすることができる。

（2）保育施設における「委託費」については、その財源が税金などで賄われているためその使途が厳格に制限されている。

（3）原則として、社会福祉事業の収入を公益事業又は収益事業に充てることはできない。

（4）障害者福祉事業の対価として受け取る自立支援給付費を主たる財源としている施設などの運営に要する経費などの資金は、他の事業への繰入について制限がない。

（5）公益事業で生じた剰余金は社会福祉事業と収益事業に充てることができる。

6

資金使途制限通知

答案用紙

（1）	（2）	（3）	（4）	（5）

❷ 次の文章の（　　　）に当てはまる**適切な語句を記入しなさい。**

（1）社会福祉法人では、経営する社会福祉事業に支障がない範囲内で
（　　　　　　　）や（　　　　　　　）を行うことが出来る。

（2）収益事業で生じた剰余金は、社会福祉事業と一部の（　　　　　　　）
に充てることができる。

（3）自立支援給付費を主たる財源とする施設等の運営に要する経費などの
資金の使途については、原則として制限がないが、高額な役員報酬な
ど実質的に（　　　　　　　）と認められる経費には充てることが
できない。

（4）保育施設の財源である措置費については、原則として当該施設の人件
費、管理費、事業費といった目的に沿った支出が求められているため、
目的以外での支出は認められていないが、一定の要件を満たすことで
例外的に（　　　　　　　）が認められている。

（5）措置費支弁対象施設に対する弾力運用の要件の1つとして、
（　　　　　　　　　　　）が公開されていることが挙げられている。

第7章

モデル経理規程

❶ モデル経理規程（全国社会福祉法人経営者協議会作成版）

> 経理規程は、社会福祉法人の会計処理についてのルールブックです。
>
> 経理規程はすべての社会福祉法人で作成が義務付けられていますが、作成に
> おいての注意事項について学習します。
>
> また経理規程においては「全国社会福祉法人経営者協議会」が「モデル経理
> 規程」としてそのひな型を公表していますので、このモデル経理規程を土台に
> 各法人でアレンジをして作成すると良いでしょう。

まずはひな型に沿ってみてみましょう

1 モデル経理規程 （全国社会福祉法人経営者協議会作成版）

経理規程とは？

　経理規程とは、社会福祉法人が法令等に基づいて会計処理を行うにあたり、必要なルールを定めたものです。経理規程は、すべての社会福祉法人において必ず定める必要があります。（**運用上の留意事項1（4）**）

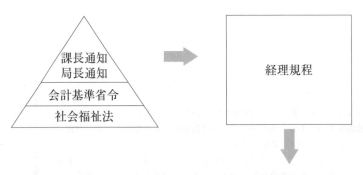

【経理規程の目次】 （平成 29 年版モデル経理規程（全国社会福祉法人経営者協議会））

第1章	総則
第2章	勘定科目及び帳簿
第3章	予算
第4章	出納
第5章	資産・負債の管理
第6章	財務及び有価証券の管理
第7章	棚卸資産の管理
第8章	固定資産の管理
第9章	引当金
第 10 章	決算

第 11 章　内部監査及び任意監査

第 12 章　契約

第 13 章　社会福祉充実計画

附　則

経理規程の内容

　社会福祉法人の規模や事業が異なれば、経理に関する手続きもまた異なってきます。

　全国社会福祉法人経営者協議会や東京都社会福祉協議会が作成している「**モデル経理規程**」、又は「**小規模社会福祉法人向け経理規程例**※」等を土台として、社会福祉法人の経理実務と整合するよう、各法人の経理規程を定めます。

　※「**小規模社会福祉法人向け経理規程例**」等の策定について（周知依頼）」（厚生労働省社会・援護局福祉基盤課　事務連絡　令和2年11月30日）

経理規程の記載事項

　全国社会福祉法人経営者協議会が作成したモデル経理規程（会計監査人非設置法人用）を使って、経理規程に定められている具体的な内容を見てみましょう。

　（会計処理や仕訳に関する部分、本テキストの他の章で解説している部分については説明を省略します）

【第1章　総則】

番号	項目・主な内容	注意点・補足
第1条	目的	
第2条	経理事務の範囲	
第3条	会計処理の基準	
第4条	会計年度、作成する計算書類、附属明細書	法令等で作成しなければならない書類が記載されているか、また、実際に作成しているかを点検してみましょう。これらが一致していない法人が少なくありません。
第5条	金額の単位	
第6条	事業区分、拠点区分、サービス区分	事業の改廃等で会計区分の見直しをしたときは経理規程の改訂が必要です。
第7条	共通収入支出の配分 ・合理的な基準に基づいて配分する	
第8条	統括会計責任者、会計責任者、出納職員 「統括会計責任者」 ……法人の経理事務に関する統括責任者 「会計責任者」 ……拠点区分の経理事務の責任者 「出納職員」 ……会計責任者に代わって一切の経理事務を行う	法人の規模等に応じて規定の内容が変わります。例えば、法人本部以外の拠点区分が1つのような小規模法人は統轄会計責任者を設けないことができます。

| 第9条 | 規程の改廃
・理事会の承認を得て行う。 | |

【第2章　勘定科目及び帳簿】

番号	主な内容	注意点・補足
第10条	記録及び計算	
第11条	勘定科目	「運用上の留意事項（別添3）勘定科目説明」に沿って、法人で使用する勘定科目を定めます。
第12条 ～ 第13条	会計帳簿 　（1）主要簿 　　　ア　仕訳日記帳 　　　イ　総勘定元帳 　（2）補助簿 　　　補助簿は、各法人が資産・負債・純資産、収入・支出及び収益・費用の管理並びに計算書類、付属明細書上の開示に留意して、法人が必要に応じて、主要簿の他に設ける。 　　　なお、補助簿のうち「固定資産管理台帳」については作成を省略することができない。 会計伝票 ・会計伝票は会計責任者の承認を受ける。 ・証憑は整理保存する。	「小規模社会福祉法人向け経理規程例」では次の定めを追加しています。 「月単位で仕訳の一覧（仕訳日記帳等）を作成の上、会計責任者が定期的に証憑等の確認を行っている場合には、前項の規定にかかわらず、当該書類に会計責任者の承認印又は承認の署名を受けることによって承認に代えることができる」

| 第14条 | 会計帳簿の保存期間
・計算関係書類　　10年
・財産目録　　　　5年
・会計帳簿　　　　10年
・証憑書類　　　　10年 | |

【第3章　予算】

番号	主な内容	注意点・補足
第15条	予算基準（編成の単位） ・拠点区分を単位とする。	サービス区分を予算の単位と定めることも可能です。
第16条	予算の事前作成 ・会計年度開始前に予算を作成し、理事会の承認を得る。	租税特別措置法第40条適用法人は理事総数の2/3以上の同意及び評議委員会の承認が必要です。
第17条	予算管理責任者	「予算管理責任者」を「会計責任者」とすることができます。
第18条	勘定科目間の流用 ・理事長の承認を得て、拠点区分内の中区分の勘定科目相互間において可能。	「勘定科目間の流用」とは、ある勘定科目の予算が不足するときに、他の勘定科目の余った予算を充当することを言います。
第19条 ～ 第20条	予備費の計上、使用 ・理事会の承認を得て予備費を設けることができる。使用した場合は理事会に報告が必要。	
第21条	補正予算 ・理事会の承認を得なければならない	

【第4章　出納】

番号	主な内容	注意点・補足
第22条 〜 第24条	金銭の範囲、収入の手続、収納した金銭の保管 ・金銭を受け取ったとき、出納職員は領収書を発行する。 ・直接支出に充てることなく、○日以内に金融機関に預け入れる。	・受け入れた金銭は一旦預金に預入れます。そのまま支払い等には使いません。
第25条	寄附金品の受入手続 ・寄附申込書に基づいて手続きをする。 　特に、寄附金の受入に関して、理事長又は理事長から権限移譲を受けた者の承認を受ける必要がある。	物品の寄附を受けた場合も「寄附申込書」が必要です。
第26条 〜 第27条	支出の手続、支払期日 ・会計責任者の承認を得て行う。	
第28条	小口現金 ・限度額は○区分ごとに○万円とする。	現金の紛失等の事故を避けるため、必要最低限の設置にとどめるようにしましょう。
第29条	概算払い	
第30条 〜 第32条	残高確認、金銭過不足、月次報告 ・毎日の現金出納後残高を確認する。 ・毎月預金残高と帳簿残高を照合する。 ・毎月末、拠点区分ごとの試算表を確認し理事長に提出する。	現金、預金の残高の確認はどんなに忙しくても後回しにせず、規定を遵守するようにしてください。

【第5章　資産・負債の管理】

番号	主な内容	注意点・補足
第33条 〜 第37条	貸借対照表に計上する資産負債の金額の一般原則、債権債務の残高確認、債権の回収・債務の支払い、債権の免除等	

【第6章　財務及び有価証券の管理】

番号	主な内容	注意点・補足
第38条	資金の借入	
第39条	資金の積立て ・積立金と同額の積立資産を積み立てる。	理事会の決議に基づいて積み立てます。 (会計基準省令第6条第3項)
第40条	資金の運用等 ・確実な金融機関に預け入れる。 ・有価証券は確実な有価証券に換えて保管する。 ・毎月末、残高を確認して理事長まで報告する。	資金の積み立てを有価証券により行う場合は、資金運用規程を設けます。
第41条	金融機関との取引 ・取引の開始及び解約は理事長の承認が必要。 ・取引は理事長名をもって行う。 　銀行印は理事長が責任を持って保管する。	施設長名での預金口座は開設できません。 経理規程で「なお、取引は理事長又は理事長から承認を受けた者の名前をもって行う。」としている場合は、施設長名義で預金口座を開設することもできます。

第42条	有価証券の取得価額及び評価	
第43条	有価証券の管理 ・少なくとも9月末と3月末において、保有 　有価証券の運用状況を理事長に報告する。	

【第7章　棚卸資産の管理】

番号	主な内容	注意点・補足
第44条 〜 第45条	棚卸資産の範囲、棚卸資産の取得価額及び 評価	
第46条	棚卸資産の管理 ・受払帳を備える。毎年度末に実地棚卸を 　する。	

【第8章　固定資産の管理】

番号	主な内容	注意点・補足
第47条 〜 第51条	固定資産の範囲、固定資産の取得価額及び 評価、リース会計、建設仮勘定、改良と修 繕	
第52条	現物管理 ・理事長は固定資産管理責任者を任命する。 ・固定資産台帳を備える。	

7

モデル経理規程

第 53 条	取得・処分の制限等 （基本財産である固定資産の増減） 事前に理事会及び評議員会の承認 （基本財産以外の固定資産） 理事長の承認（重要なものは理事会の承認）	・基本財産は定款記載事項です。かつその処分又は担保に供する場合は所轄庁の承認が必要です。 ・租税特別措置法第40条適用法人は基本財産の増減について理事総数の2/3以上の同意及び評議員会の承認が必要です。
第 54 条	現在高報告 ・毎会計年度末、使用状況を調査確認する。	
第 55 条	減価償却	

【第9章　引当金】

番号	主な内容	注意点・補足
第 56 条 〜 第 58 条	退職給付引当金、賞与引当金、徴収不能引当金	

【第 10 章　決算】

番号	主な内容	注意点・補足
第 59 条 〜 第 64 条	決算整理事項、税効果会計、内部取引、注記事項、計算関係書類及び財産目録の作成、計算書類の監査	

第65条	計算書類の承認 ・計算関係書類及び財産目録について理事会の承認を得る ・理事会の承認を受けた計算書類、財産目録、監査報告を招集通知に添付し、計算書類及び財産目録について評議員会の承認を得る。	
第66条	計算書類の備置き ・定時評議員の2週間前から5年間、主たる事務所に備え置く。	評議員会は理事会から2週間（中14日）以上空けて開催する必要があります。
第67条	所轄庁への届け出 ・会計年度終了後3ヵ月以内に計算関係書類、財産目録、監査報告を提出する。	
第68条	計算関係書類及び財産目録の公開 （主たる事務所に備え置き） ・財産目録、計算書類及び附属明細書、監査報告 （インターネットにより公表） ・計算書類	情報公開については、「第10章　情報管理と情報公開」で詳しく学習します。

7

モデル経理規程

【第11章　内部監査及び任意監査】

番号	主な内容	注意点・補足
第69条	内部監査 ・理事長は必要があると認められる場合は内部監査人を選任し監査させる。	
第70条	任意監査 ・理事会の承認を得て、会計専門家に監査を依頼することができる。	

【第12章　契約】

番号	主な内容	注意点・補足
第71条	契約機関 ・理事長又はその委任を受けた者でなければ契約をすることができない。	これら契約事務に関する規定は「社会福祉法人における入札契約等の取扱いについて」（雇児総発0329第1号　社援基発0329第1号　障企発0329第1号　老高発0329第3号 平成29年3月29日）に基づいて定められています。
第72条	一般競争契約	
第73条	指名競争契約 ・合理的な理由があれば一般競争に替えて指名競争に付すことができる。 ・ただし、「地方公共団体の物品等又は特定役務の調達手続の特例を定める政令」による一定額以上の契約は一般競争に付さなければならない。	
第74条	随意契約 ・売買、賃貸借、請負その他の契約でその予定価格が1,000万円を超えない場合、契約の性質又は目的が競争入札に適さない場合など、合理的な理由があれば随意契約による。 ・3社以上見積りを徴し比較する。 ・ただし、予定価格が下表に掲げられた契約の種類に応じ定められた額を超えない場合には、2社の見積りを徴し比較する。 | 契約の種類	金額 | |---|---| | 1　工事又は製造の請負 | 250万円 | | 2　食料品・物品等の買入れ | 160万円 | | 3　前各号に掲げるもの以外 | 100万円 |	「小規模社会福祉法人向け経理規程例」では次の定めを追加しています。 「総額で10万円未満となる日常的な物品購入」においては、2社以上の見積りを省略することができます。

176

第75条	契約書の作成	
第76条	契約書の作成を省略することができる場合	
第77条	定期的な契約書の見直し	

【第13章 社会福祉充実計画】

番号	主な内容	注意点・補足
第78条	社会福祉充実残額の計算	
第79条	社会福祉充実計画の作成	

【附則】

番号	内容	注意点・補足
1	この規程を実施するため必要な事項については、細則で定める。	
2	施設利用者からの預り金については、別途定める利用者預り金管理規程による。	「利用者預り金管理規程」はしっかり作り込み、徹底して遵守してください。事故が頻繁に発生する事務です。
3	資産の運用に関する具体的な定めは別途定める資金運用規程による。	
4	本経理規程に定める届出及び公開に関しては計算関係書類及び財産目録（会計に関するもの）に限定しているが、情報公開に関する具体的な定めは別途定める情報公開規程による。	

7

モデル経理規程

確認テスト

答え：P.245

❶ **社会福祉法人に関する以下の内容が正しいものには○、間違っているものには×を解答欄に記入しなさい。**

（1）受け入れた金銭は、金融機関に預け入れることなく、これを直接支出に充てることができる。

（2）現金残高は毎日の現金出納後確認するべきである。

（3）物品による寄附の受け入れは寄附申込書は不要である。

（4）金融機関の預金口座を開設する場合は施設長名で開設すること。

（5）理事長又はその委任を受けた者でなければ契約をすることができない。

答案用紙

（1）	（2）	（3）	（4）	（5）

❷　**次の文章の（　　　　）に当てはまる適切な語句を記入しなさい。**

（1）（　　　　　　　）とは、社会福祉法人が法令などに基づいて会計処理を
　　　行うために必要なルールを定めたものである。

（2）全国社会福祉法人経営者協議会が作成したモデル経理規程では、規程
　　　の改廃は（　　　　　　）の承認をもって行うとされている。

（3）売買、賃貸借、請負その他の契約でその予定価格が（　　　　　　）万
　　　円を超えない場合は随意契約によることができる。

（4）予算編成の単位は原則として（　　　　　）区分とする。

（5）有価証券を保有している場合は、少なくとも（　　　　）と（　　　　）
　　　において保有有価証券の時価を理事長に報告する。

「選任」と「選定」

評議員は理事を「**選任**」する。

理事会は理事長を「**選定**」する。

「選任」と「選定」という言葉ですが、「選ぶ」という意味では共通しています。ただ、「対象」が異なります。

評議員は「**選任**」理事も「**選任**」理事長は……「**選定**」

気づきましたか？

評議員や理事は、新たな役職として任命されます。

一方、理事長は理事のひとりであることが前提となります。

新たに役員を選ぶ（任命する）場合は「**選任**」を使います。

ある役職の中からさらに別の立場を選ぶ場合に用いるのが「**選定**」です。

理事長は、理事の中から代表として選ばれます。

従って、理事会で理事長を選ぶ場合は「**選定**」を使います。

「**解任**」と「**解職**」も同様です。

理事は「**解任**」、理事長は「**解職**」となります。

普段は意識せずに使っている言葉ですが、微妙な違いがあるのですね。

理事長

「選定」されました！

第 8 章

労務管理と給与計算

❶ 就業規則
❷ 労働契約
❸ 労働時間
❹ 職場環境
❺ 給与の基本と計算

より良い福祉サービスを提供するためには、職場環境の整備は欠かせません。

社会福祉法人で働くすべての人々が、自身の果たすべき役割や責任をしっかりと自覚しつつ、誇りをもって働けるようにするためには、職員に対する待遇の面などにおいて法令順守はもちろんの事普段からの適切な労務管理が必要となってきます。

この章では、労働に関する法律や職場環境の改善事項など、職員一人一人が気持ちよく働ける職場作りについて学習します。

また、基本的な給与計算の仕組みについても学習していきます。

1 就業規則

就業規則の役割と必要性

　就業規則とは、職場における労使関係を円滑にするため、労働条件や服務規律を定めたものをいい、**常時 10 人以上の労働者（職員）を使用する場合の使用者（社会福祉法人）**は、労働基準法によってその作成及び労働基準監督署への提出が義務付けられています。

　就業規則は法令に基づいて作成されなくてはなりません。また就業規則は常時見やすい場所に掲示し、または備え付ける等の方法によって、職員に周知する必要があります。

　就業規則は社会福祉法人で働くためのルールブックとしての役割を果たしており、すべての職員がこの規則を守らなくてはなりません。

就業規則の記載事項

　就業規則の記載事項には、すべての職員にとって「**特に重要な項目で必ず記載しなければならない事項（絶対的記載事項）**」と「**規定を設ける場合のみ記載しなければならない事項（相対的記載事項）**」があります。

　絶対的記載事項と相対的記載事項の具体的な内容は次のとおりです。

【絶対的記載事項】

・始業及び終業の時刻、休憩時間、休日、休暇、労働者を２組以上に分けて交替に就業させる場合の就業時転換に関する事項
・賃金の決定、計算および支払いの方法、締切り、支払時期、昇給に関する事項
・退職事由と手続きに関する事項（解雇の事由を含む）
・定年の事由

【相対的記載事項】

・退職手当の適用される労働者の範囲、退職手当の決定、計算、支払いの方法、
　退職手当の支払いの時期に関する事項

・臨時の賃金等及び最低賃金額に関する事項

・労働者の食費、作業用品その他の負担に関する事項

・安全衛生に関する事項

・職業訓練に関する事項

・災害補償及び業務外の傷病扶助に関する事項

・表彰及び制裁の種類および程度に関する事項

・その他、労働者のすべてに適用される事項

・賞与に関する事項　等

2 労働契約

労働契約

労働契約は、職員が社会福祉法人に対して労働力を提供することを約束し、社会福祉法人が職員にその対価を与えることを約束することによって成立します。

労働契約の締結時において、社会福祉法人は労働者に対し基本的な労働条件を明示しなくてはなりません。

なお、労働契約は労働基準法に基づいて締結されなくてはなりません。

雇用契約書の作成

雇用契約書は、雇用主である社会福祉法人と、社会福祉法人に労働力を提供する職員との間で雇用契約を締結する際に作成する契約書です。

雇用契約書の作成については、労働契約法において「労働者及び使用者は労働契約の内容についてできる限り書面により確認するものとする」とされており、義務ではありませんが、書面として契約書を作成することが推進されています。

また、雇用契約書を作成することにより、「トラブルの防止」に役立ちます。雇用契約書の中で、勤務時間や給与等の条件を明示することで、雇用主側も労働者側も常に合意内容を確認できることから、トラブルが起こりにくい状況を作ることができます。

雇用契約書の記載内容として、「**労働条件通知書**」に記載するべき内容を雇用契約書に書き込むことがあります。

労働条件通知書とは

労働条件通知書とは、勤務時間や給料などの労働条件を書面で作成し、職員に渡さなければならない書類です。労働条件通知書は、必ず作成し、職員に渡さなければなりません。

　また、労働条件通知書には絶対に記載しなくてはならない「**絶対的明示事項**」と法人の就業規則なので規定がある場合にのみ記載する「**相対的明示事項**」があります。

【絶対的明示事項】

・**契約期間**

　期間の定めのない場合は「無」ある場合は期間を記載。

・**就業場所**

　配属先の施設などの住所を記載。

・**従事する業務**

　具体的な業務内容を記載（複数の記載も可能。）

・**始業時刻と終業時刻**

　始業時間及び終業時間が決まっている場合は、その時間を記載する。シフト制などの場合は、ルールを記載する。

・**残業の有無**

　「所定労働時間（192ページ参照）」を超えて働く可能性があるかどうかを記載する。

・**休憩・休日・休暇**

　休憩時間、休日、休暇について記載する。

・**賃金・計算方法・支払い方法**

　月給・日給・時給などの計算方法や、銀行振込などの支払い方法の記載も必要。また、社会保険料や税金など、給料から控除するものも記載しておく。

・**賃金の締め日と支払日**

　いつからいつまでの賃金を何日に支払うかを記載する。

・**昇給**

　ない場合は、「無」と記載。ある場合は、昇給の時期や基準などを記載する。

・**退職**

　定年退職の年齢や、自己都合による退職の際に何日前に連絡が必要かなどを記載。また、解雇になる事由なども記載する。

【相対的明示事項】

・退職手当

・臨時の賃金・賞与

・労働者に負担させる食費や作業用品

・安全衛生に関する事項

・職業訓練に関する事項

・災害補償及び業務外の傷病扶助に関する事項

・表彰及び制裁の種類および程度に関する事項

・休職

絶対的明示事項は書面の交付が必要です。

相対的明示事項は書面交付の他口頭でも構いません。

非正規雇用の労働契約内容と規制

　現代の日本の職場においては、パートやアルバイトといった非正規で勤務する労働者が多く存在します。

　また、多くの社会福祉法人施設でも、非正規労働者の方々がたくさん勤務していますが、これらの非正規雇用者は正規雇用者と同様に労働法上の保護を受ける権利があります。

　「短時間労働者及び有期雇用労働者の雇用管理の改善等に関する法律（通称パートタイム・有期雇用労働法)」は、こういったパートタイム労働者、有期雇用労働者の「公正な待遇の実現」を目的としています。

---

point

パートタイム・有期雇用労働法の対象となる労働者とは

【パートタイム労働者】

　１週間の所定労働時間が同一の事業主に雇用される通常の労働者に比べて短い労働者

【有期雇用労働者】

　事業主と期間の定めのある労働契約を締結している労働者

※「パートタイマー」「アルバイト」「嘱託」「契約社員」「臨時社員」「準社員」など、名称にかかわらず、上記に当てはまる労働者であれば、パートタイム・有期雇用労働法の対象となります。

通称パートタイム・有期雇用労働法では、以下のような内容が定められています。

1．労働条件に関する文書の交付等（第6条）

（1）　事業主は、パートタイム・有期雇用労働者を雇い入れたときは、速やかに、「昇給の有無」、「退職手当の有無」、「賞与の有無」、「相談窓口」を文書の交付などにより明示しなければならない。

（2）　事業主は、上記の４つの事項以外のものについても、文書の交付などにより明示するように努めなければならない。

　　「相談窓口」とは、パートタイム・有期雇用労働者の雇用管理の改善等に関する事項に係る相談窓口であり、パートタイム・有期雇用労働法第16条により、相談に対応するために整備するものをいいます。

2．就業規則作成の手続き（第7条）

（1）　事業主は、パートタイム労働者に係る事項について就業規則を作成し、又は変更しようとするときは、当該事業所において雇用するパートタイ

ム労働者の過半数を代表すると認められるものの意見を聴くように努めるものとする。

（2）　（1）の規定は、事業主が有期雇用労働者に係る事項について就業規則を作成し、又は変更しようとする場合について準用する。

3．均等・均衡待遇の確保の推進

　パートタイム・有期雇用労働者の待遇について、就業の実態に応じて通常の労働者との間で均等・均衡待遇の確保を図るための措置を講ずるよう規定されています。

（1）　不合理な待遇の禁止（第8条）

　事業主は、その雇用するパートタイム・有期雇用労働者の基本給、賞与その他の待遇のそれぞれについて、その待遇に対応する通常の労働者との待遇の間において、パートタイム・有期雇用労働者と通常の労働者の職務の内容、職務の内容・配置の変更の範囲（人材活用の仕組みや運用など）、その他の事情のうち、その待遇の性質及び目的に照らして適切と認められるものを考慮して、不合理と認められる相違を設けてはならない。

（2）　通常の労働者と同視すべきパートタイム・有期雇用労働者に対する差別的取扱いの禁止（第9条）

　事業主は、職務の内容、職務の内容・配置の変更の範囲（人材活用の仕組みや運用など）が通常の労働者と同一のパートタイム・有期雇用労働者については、パートタイム・有期雇用労働者であることを理由として、基本給、賞与その他の待遇のそれぞれについて、差別的取扱いをしてはならない。

（3）　賃金（第10条）

　事業主は、通常の労働者との均衡を考慮しつつ、その雇用するパートタイム・有期雇用労働者の職務の内容、職務の成果、意欲、能力又は経験その他の就業の実態に関する事項を勘案し、その賃金（基本給、賞与、役職手当など）を決定するように努めるものとする。

（4）　教育訓練（第11条）

① 　事業主は、通常の労働者に対して実施する教育訓練であって、その通常の労働者が従事する職務の遂行に必要な能力を付与するためのものについては、職務の内容が同じパートタイム・有期雇用労働者が既にその職務に必要な能力を有している場合を除き、そのパートタイム・有期雇用労働者に対しても実施しなければならない。

② 　事業主は、1．のほか、通常の労働者との均衡を考慮しつつ、その雇用するパートタイム・有期雇用労働者の職務の内容、職務の成果、意欲、能力及び経験その他の就業の実態に関する事項に応じ、そのパートタイム・有期雇用労働者に対して教育訓練を実施するように努めるものとする。

（5）　福利厚生施設（第12条）

事業主は、通常の労働者に対して利用の機会を与える福利厚生施設（給食施設、休憩室、更衣室）については、その雇用するパートタイム・有期雇用労働者に対しても、利用の機会を与えなければならない。

4．通常の労働者への転換の推進（第13条）

事業主は、通常の労働者への転換を推進するため、その雇用するパートタイム・有期雇用労働者について、次のいずれかの措置を講じなければならない。

① 　通常の労働者を募集する場合、その募集内容を既に雇っているパートタイム・有期雇用労働者に周知する。

② 　通常の労働者のポストを社内公募する場合、既に雇っているパートタイム・有期雇用労働者にも応募する機会を与える。

③ 　パートタイム・有期雇用労働者が通常の労働者へ転換するための試験制度を設ける。

④ 　その他通常の労働者への転換を推進するための措置を講ずる。

5．事業主が講ずる措置の内容等の説明（第14条）

① 　事業主は、パートタイム・有期雇用労働者を雇い入れたときは、速やかに、実施する雇用管理の改善などに関する措置の内容を説明しなければならない。

② 事業主は、その雇用するパートタイム・有期雇用労働者から求めがあったときは、当該パートタイム・有期雇用労働者と通常の労働者との間の待遇の相違の内容及び理由並びにその待遇を決定するに当たって考慮した事項を説明しなければならない。

③ 事業主は、パートタイム・有期雇用労働者が2.の求めをしたことを理由として、そのパートタイム・有期雇用労働者に対して解雇その他不利益な取扱いをしてはならない。

6．相談のための体制の整備（第16条）

事業主は、パートタイム・有期雇用労働者の雇用管理の改善などに関する事項に関し、その雇用するパートタイム・有期雇用労働者からの相談に応じ、適切に対応するために必要な体制を整備しなければならない。

7．短時間・有期雇用管理者（第17条）

事業主は、常時10人以上のパートタイム・有期雇用労働者を雇用する事業所ごとに、短時間・有期雇用管理者を選任するように努めるものとする。

8．報告徴収並びに助言・指導及び勧告（第18条）

① 厚生労働大臣は、パートタイム・有期雇用労働者の雇用管理の改善などを図るため必要があると認めるときは、パートタイム・有期雇用労働者を雇用する事業主に対して、報告を求め、又は助言、指導若しくは勧告をすることができる。

② 厚生労働大臣は、雇用管理の改善措置の規定に違反している事業主に対して、勧告をした場合において、事業主がこれに従わない場合には、その旨を公表することができる。

③ 及び2．に定める厚生労働大臣の権限は、全国的に重要な事案を除き、その一部を都道府県労働局長に委任することができる。

9．苦情処理・紛争解決の援助

（1）　苦情の自主的解決（第22条）

　　事業主は、パートタイム・有期雇用労働者から苦情の申出を受けたときは、苦情処理機関に苦情の処理を委ねるなどして、自主的な解決を図るように努めるものとする。

（2）　紛争解決の援助

①　紛争解決の援助（第24条）

　　Ⅰ．都道府県労働局長は、紛争の当事者の双方又は一方からその決につき援助を求められた場合には、当該紛争の当事者に対し、必要な助言、指導又は勧告をすることができる。

　　Ⅱ．事業主は、パートタイム・有期雇用労働者がⅠ．の援助を求めたことを理由として、当該パートタイム・有期雇用労働者に対して解雇その他不利益な取扱いをしてはならない。

②　調停の委任（第25条）

　　Ⅰ．都道府県労働局長は、紛争の当事者の双方又は一方から調停の申請があった場合において当該紛争の解決のために必要があると認めるときは、「紛争調整委員会」に調停を行わせるものとする。

　　Ⅱ．事業主は、パートタイム・有期雇用労働者がⅠ．の調停の申請をしたことを理由として、当該パートタイム・有期雇用労働者に対して解雇その他不利益な取扱いをしてはならない。

同一労働同一賃金とは

　「同一労働同一賃金」とは、量と質において同じ価値をもつ労働に対しては、性別・年齢・人種また、正規・非正規等の雇用形態などにかかわりなく同額の賃金を支払うという原則のことです。

　厚生労働省の「同一労働同一賃金ガイドライン」では、賃金だけではなく福利厚生や教育訓練制度についても同様に、不合理な待遇を禁止しています。

労務管理の要です

3 労働時間

労働時間の原則

　社会福祉法人は、職員に対し、休憩時間を除き1週間について40時間を超えて、また1週間の各日については1日8時間を超えて労働させることはできません。(**労働基準法第32条**)

　労働時間とは、**使用者の指揮監督下にある時間**をいい、必ずしも実労働時間に限らず、手待時間や準備時間、休憩中の電話当番時間や来客当番時間なども労働時間に含まれます。

　使用者は労働基準法上、始業・終業時間や休憩時間等について就業規則に規定を定める必要があり、その就業規則に定められた労働時間を**所定労働時間**といいます。なお、所定労働時間は、法定労働時間のわく内で定めなければなりません。

　労働時間の管理については、自己申告制はタイムカードやICカード等の客観的記録に基づいて適正に把握することが必要です。また、労働時間に関する記録書類（タイムカード等）は3年間の保存義務があります。

超 重要

　　　法定労働時間
　　　　原則：1日8時間　　1週間40時間内
　　　　特例：1日8時間　　1週間44時間内

　　　法定労働時間と所定労働時間の違いを確認しましょう。

休憩時間

使用者は、労働者に対し、労働時間が**6時間を超える場合**においては少なくとも**45分**、**8時間を超える場合**においては少なくとも**1時間の休憩時間**を与えなくてはなりません。(**労働基準法第34条1項**)

休憩時間とは、労働から離れ使用者自身が自由に使える時間をいい、従って手待ち時間等は休憩時間には含まれません。

休日

使用者は、労働者に対し、原則として**毎週1回の休日**を与えなければなりません。(**労働基準法第35条1項**)

ただし、例外的に**4週間を通じ4日以上の休日**を付与することも認められています。

また、使用者は一定の要件を満たしている労働者に対し、**年次有給休暇**を与えなくてはなりません。

年次有給休暇とは、心身の疲労回復を図る目的で、賃金を保証しながら休暇を与える制度で、労働者の継続勤務の日数により年間の有給休暇の付与日数が異なります。

8

労務管理と給与計算

時間外・休日労働

　法定労働時間を超えて労働させること（いわゆる残業）を、**時間外労働**といいます。また、**法定休日に労働させること**（いわゆる休日出勤）を休日労働といいます。

　時間外労働及び休日労働は、原則として労働基準法36条による労使協定（36協定）を締結して、所轄労働基準監督署長に届け出てはじめて、命ずることができます。

超 重要

労働基準法36条（通称：サブロク協定）の締結内容
・時間外、休日労働をさせる必要のある具体的事由
・業務の種類
・労働者の人数
・1日及び1日を超える一定期間について延長することのできる時間
・協定の有効期間

　なお、時間数に関しては以下に示した厚生労働大臣の定める基準に適合する必要があります。

時間数に関する厚生労働大臣の定める基準
【原則】1ヵ月：45時間以内　　　1年間：360時間以内
【特例】1ヵ月：100時間未満　　1年間：720時間以内
※特例条項という特例を設けることが可能です。

4 職場環境

安全管理と衛生管理

　雇用主である社会福祉法人は、職員が健康で安全に働くことが出来るよう、その職場環境を整備し、労働災害の発生を防止しなくてはなりません。

　職場の安全、衛生を確保するためには、職務に従事する職員の自覚や協力が必要不可欠となります。このような職員の安全や健康を確保するとともに、快適な職場環境の形成を促進する目的で定められているのが「労働安全衛生法」です。

　以下、労働安全衛生法の基本的な内容を見ていきましょう。

安全衛生管理体制の整備

労働安全衛生法では、職場の環境整備として、雇用主である社会福祉法人に対し、以下の事を要請しています。

1 安全管理者、衛生管理者の選任等

　職員が50人以上の事業場では、「**安全管理者**」や「**衛生管理者**」を選任しなければなりません。（**労働安全衛生法第11条、第12条**）

　職員が10人以上、50人未満の小規模事業場では、「**安全衛生推進者**」を配置しなくてはなりません。（**労働安全衛生法第12条の2**）

　さらに、事業場での安全衛生管理について、職員の意見を反映させるべく、一定の業種で100人以上、（特定業種では50人以上）の職員を使用する事業場では「**安全委員会**」を、そして、すべての業種で、常時50人以上の職員を使用する事業場では「**衛生委員会**」を設置しなければなりません。（**労働安全衛生法第17条、第18条**）

2 産業医の選任

　常時50人以上の職員を使用する事業場では、職員の健康管理、保健指導等

8
労務管理と給与計算

195

を行う**産業医の選任が義務付けられています。**（労働安全衛生法第13条）

　また、職員50人未満の事業場では、産業医の選任義務はありませんが、医師または保健師に職員の健康管理等の業務の全部又は一部を行わせる努力義務があり、そのために国が必要な援助を行う旨定められています。（**労働安全衛生法第13条の2、第19条の3**）

3　危険又は健康障害防止措置

　労働安全衛生法では、「**労働者の危険または健康障害を防止するための措置**」についての定めがあります。「健康障害防止措置」の具体的な内容としては、**職場の通路、床面、階段などの保全並びに換気、採光、照明、保温、除湿、休養、避難及び清潔に必要な措置、その他職員の健康、風紀及び生命の維持のため必要な措置**とされています。（**労働安全衛生法第20条〜第25条**）

4　安全衛生教育

　職場において、職員が安全かつ健康に働くためには、事業者のみならず、職員自身も職務に付随する危険性等を認識し、適切に対応をしていかなくてはなりません。そのため、事業者は職員に対して**必要な安全衛生教育を行うことが義務付けられています。**（労働安全衛生法第59条）

5　健康診断

　事業者は職員に対して医師による健康診断の実施が義務付けられています。

　社会福祉法人では、この健康診断は主として**年1回の通常健康診断に加え、深夜業に従事する職員に対する6ヶ月毎の健康診断**（特定業務従事者の健康診断）**及び給食業務に従事する職員に対する検便による健康診断**（給食従業員の検便）があります。（**労働安全衛生法第66条**）

ハラスメントについて

ハラスメントとは、広い意味で「嫌がらせ」を意味しています。

職場におけるハラスメントには「**パワーハラスメント**」「**セクシャルハラスメント**」「**マタニティハラスメント**」等がありますが、これらのハラスメントに関して、全ての事業所においてその防止措置が義務化されています。

セクシャルハラスメント及びマタニティハラスメントについては、男女雇用機会均等法、育児・介護休業法により、防止措置を講ずることが明文化されています。

また、パワーハラスメントについては、労働施策総合推進法（通称：パワハラ防止法）により明文化されています。

ハラスメント防止措置

事業主は、以下の措置を必ず講じなければなりません。

【事業主の方針等の明確化及びその周知・啓発】

- ・ 職場におけるパワハラの内容・パワハラを行ってはならない旨の方針を明確化し、労働者に周知・啓発すること
- ・ 行為者について、厳正に対処する旨の方針・対処の内容を就業規則等の文書に規定し、労働者に周知・啓発すること

【相談に応じ、適切に対応するために必要な体制の整備】

- ・ 相談窓口をあらかじめ定め、労働者に周知すること
- ・ 相談窓口担当者が、相談内容や状況に応じ、適切に対応できるようにすること

【職場におけるパワーハラスメントに係る事後の迅速かつ適切な対応】

- ・ 事実関係を迅速かつ正確に確認すること
- ・ 速やかに被害者に対する配慮のための措置を適正に行うこと [注1]
- ・ 事実関係の確認後、行為者に対する措置を適正に行うこと [注1]
- ・ 再発防止に向けた措置を講ずること [注2]

（注1）事実確認ができた場合

（注2）事実確認ができなかった場合も同様

【そのほか併せて講ずべき措置】

・ 相談者・行為者等のプライバシー^{（注3）}を保護するために必要な措置を講じ、その旨労働者に周知すること

　　　（注3）性的指向・性自認や病歴、不妊治療等の機微な個人情報も含む。

・ 相談したこと等を理由として、解雇その他不利益取扱いをされない旨を定め、労働者に周知・啓発すること

　また、事業主は、労働者が職場におけるパワーハラスメントについての相談を行ったことや雇用管理上の措置に協力して事実を述べたことを理由とする解雇その他不利益な取扱いをすることが、法律上禁止されています。

引用：厚生労働省

5 給与の基本と計算

給与計算締め日と給与支給日

給与締め日とは、給与計算期間の最終日の事をいいます。

給与支給日とは職員に対して給与を支払う日の事をいいます。

給与締め日から支給日までには、給与計算や振り込み手続きなどの事務作業を行う時間が必要とされています。

給与締め日及び給与支給日については**労働条件通知書に記載の上、書面にて職員に提示する必要があります。**

---

point

給与締め日と支給日の例

・月末締め、翌月 25 日支払

　⇒毎月 1 日～月末の給与を翌月 25 日に支払

・10 日締め、当月末支払

　⇒前月 11 日～当月 10 日分の給与を月末に支払

期末（決算日）の処理

給与締め日と支給日の間に決算がある場合は、翌月（翌期）に支給される給与であっても当期の費用として計上します。

例えば、毎月月末締め、翌月 25 日支給の場合は、3 月 1 日～ 3 月 31 日までの分を翌 4 月の 25 日に支給することになりますが、支給日が翌月なだけであって実際の労働期間は 3 月なので当期の費用として計上します。

なお、3 月分の給与未払いは**未払金**として計上します。

時間外・休日労働および深夜労働に対する割増賃金

時間外・休日労働や深夜労働については、通常の労働時間または労働日の賃金額の割増賃金の支払いが必要となります。

なお、休日労働が8時間を超えた場合であっても、そもそも休日には労働義務自体がないことから、時間外労働とはなりません。

したがって、8時間超の労働に対しても、3割5分以上の割増賃金を支払えばよいことになります。

---

point

割増賃金の支払対象

・時間外労働：25%（60 時間超過の部分は 50%増＊）

・休日労働：35%増（法定休日の場合）

・深夜労働：25%増（深夜とは午後 10 時～午前5時）

・時間外労働＋深夜労働：50%（25%＋ 25%）

・休日労働＋深夜労働：60%（35%＋ 25%）

　　　　　　　　休日労働には時間外割増は生じませんが、深夜割増は生じます。

＊　50%増しの規定は、中小企業については 2023 年4月から義務化

社会保険制度

社会保険制度は目的によって①厚生年金保険、②健康保険、③介護保険、④雇用保険、⑤労働者災害補償保険（労災保険）に分かれます。このうち①、②及び③は社会保険（狭義）、④と⑤は労働保険とよばれます。

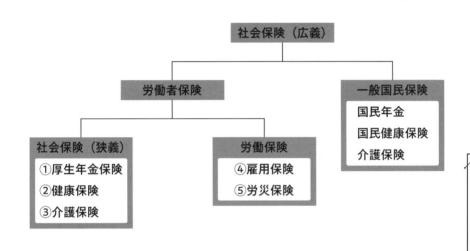

社会保険（広義）

労働者保険

一般国民保険
国民年金
国民健康保険
介護保険

社会保険（狭義）
①厚生年金保険
②健康保険
③介護保険

労働保険
④雇用保険
⑤労災保険

健康保険

健康保険は、従業員やその家族の健康を守ることを目的としています。具体的には、従業員やその家族が業務外の原因による疾病にかかったり、出産や死亡などによって、家計から不意の出費を要する場合、その負担を軽くするため、医療費を負担したり、一定の金額を支給するというものです。

業務外の病気やけがに対しての給付なので、会社の仕事中や通勤の途中で起きた事故によるケガや病気は対象になりません。業務中の病気やケガに対しては労災保険から保険給付が行われます。

介護保険

　介護保険では、高齢による心身の衰えから介護が必要な人に対して身のまわりの世話やリハビリなどの介護サービスを行います。

　介護保険は、市区町村が運営し、国及び都道府県が財政面から支援を行います。

　介護保険の被保険者（加入者）は市区町村に住む**40歳以上**の人です。65歳以上の人は**第1号被保険者**、40歳以上65歳未満の人で医療保険の加入者は**第2号被保険者**となります。

雇用保険

　雇用保険は、労働者が失業した場合に必要な給付を行ったり、雇用安定事業などを行う社会保険の一つで、その対象となる保険事故は失業ということですから、企業よりは失業した本人と密接な関係が生じることになります。

社会保険料の控除

　社会保険料（厚生年金、健康保険、介護保険）については、通常は雇用主である社会福祉法人と職員で半分ずつ負担をします。

　社会保険料の金額については、毎月厚生年金事務所から送られてくる「**納入通知書**」に記載されている金額となります。実務上は、給与計算時に個別に標準報酬・保険料月額表（次ページ掲載）にあてはめて計算しています。

【健康保険・厚生年金保険の保険料額表（一部抜粋）】

協会けんぽ　東京都　令和6年3月現在

（東京都）　　　（単位：円）

標準報酬 等級	標準報酬 月額	報酬月額 円以上	報酬月額 円未満	全国健康保険協会管掌健康保険料 介護保険第2号被保険者に該当しない場合 9.98% 全額	折半額	介護保険第2号被保険者に該当する場合 11.58% 全額	折半額	厚生年金保険料（厚生年金基金加入員を除く）一般・坑内員・船員 18.300%※ 全額	折半額
1	58,000	~	63,000	5,788.4	2,894.2	6,716.4	3,358.2		
2	68,000	63,000 ~	73,000	6,786.4	3,393.2	7,874.4	3,937.2		
3	78,000	73,000 ~	83,000	7,784.4	3,892.2	9,032.4	4,516.2		
4(1)	88,000	83,000 ~	93,000	8,782.4	4,391.2	10,190.4	5,095.2	16,104.00	8,052.00
5(2)	98,000	93,000 ~	101,000	9,780.4	4,890.2	11,348.4	5,674.2	17,934.00	8,967.00
6(3)	104,000	101,000 ~	107,000	10,379.2	5,189.6	12,043.2	6,021.6	19,032.00	9,516.00
7(4)	110,000	107,000 ~	114,000	10,978.0	5,489.0	12,738.0	6,369.0	20,130.00	10,065.00
8(5)	118,000	114,000 ~	122,000	11,776.4	5,888.2	13,664.4	6,832.2	21,594.00	10,797.00
9(6)	126,000	122,000 ~	130,000	12,574.8	6,287.4	14,590.8	7,295.4	23,058.00	11,529.00
10(7)	134,000	130,000 ~	138,000	13,373.2	6,686.6	15,517.2	7,758.6	24,522.00	12,261.00
11(8)	142,000	138,000 ~	146,000	14,171.6	7,085.8	16,443.6	8,221.8	25,986.00	12,993.00
12(9)	150,000	146,000 ~	155,000	14,970.0	7,485.0	17,370.0	8,685.0	27,450.00	13,725.00
13(10)	160,000	155,000 ~	165,000	15,968.0	7,984.0	18,528.0	9,264.0	29,280.00	14,640.00
14(11)	170,000	165,000 ~	175,000	16,966.0	8,483.0	19,686.0	9,843.0	31,110.00	15,555.00
15(12)	180,000	175,000 ~	185,000	17,964.0	8,982.0	20,844.0	10,422.0	32,940.00	16,470.00
16(13)	190,000	185,000 ~	195,000	18,962.0	9,481.0	22,002.0	11,001.0	34,770.00	17,385.00
17(14)	200,000	195,000 ~	210,000	19,960.0	9,980.0	23,160.0	11,580.0	36,600.00	18,300.00
18(15)	220,000	210,000 ~	230,000	21,956.0	10,978.0	25,476.0	12,738.0	40,260.00	20,130.00
19(16)	240,000	230,000 ~	250,000	23,952.0	11,976.0	27,792.0	13,896.0	43,920.00	21,960.00
20(17)	260,000	250,000 ~	270,000	25,948.0	12,974.0	30,108.0	15,054.0	47,580.00	23,790.00
21(18)	280,000	270,000 ~	290,000	27,944.0	13,972.0	32,424.0	16,212.0	51,240.00	25,620.00
22(19)	300,000	290,000 ~	310,000	29,940.0	14,970.0	34,740.0	17,370.0	54,900.00	27,450.00
23(20)	320,000	310,000 ~	330,000	31,936.0	15,968.0	37,056.0	18,528.0	58,560.00	29,280.00
24(21)	340,000	330,000 ~	350,000	33,932.0	16,966.0	39,372.0	19,686.0	62,220.00	31,110.00
25(22)	360,000	350,000 ~	370,000	35,928.0	17,964.0	41,688.0	20,844.0	65,880.00	32,940.00
26(23)	380,000	370,000 ~	395,000	37,924.0	18,962.0	44,004.0	22,002.0	69,540.00	34,770.00
27(24)	410,000	395,000 ~	425,000	40,918.0	20,459.0	47,478.0	23,739.0	75,030.00	37,515.00
28(25)	440,000	425,000 ~	455,000	43,912.0	21,956.0	50,952.0	25,476.0	80,520.00	40,260.00
29(26)	470,000	455,000 ~	485,000	46,906.0	23,453.0	54,426.0	27,213.0	86,010.00	43,005.00
30(27)	500,000	485,000 ~	515,000	49,900.0	24,950.0	57,900.0	28,950.0	91,500.00	45,750.00
31(28)	530,000	515,000 ~	545,000	52,894.0	26,447.0	61,374.0	30,687.0	96,990.00	48,495.00
32(29)	560,000	545,000 ~	575,000	55,888.0	27,944.0	64,848.0	32,424.0	102,480.00	51,240.00
33(30)	590,000	575,000 ~	605,000	58,882.0	29,441.0	68,322.0	34,161.0	107,970.00	53,985.00
34(31)	620,000	605,000 ~	635,000	61,876.0	30,938.0	71,796.0	35,898.0	113,460.00	56,730.00
35(32)	650,000	635,000 ~	665,000	64,870.0	32,435.0	75,270.0	37,635.0	118,950.00	59,475.00
36	680,000	665,000 ~	695,000	67,864.0	33,932.0	78,744.0	39,372.0		

※この表は、加入している健康保険組合や都道府県ごとに異なります。

例 ・給料月額287,000円の場合（上記協会けんぽ保険料額表による）

　毎月の給料月額が287,000円の場合は、標準報酬月額280,000円となりますので、その行を横に見ていくと、介護保険に該当しない人から控除する保険料は、健康保険料13,972円、介護保険に該当する人から控除する保険料は健康保険料と介護保険料の合計16,212円、厚生年金保険料（一般）は25,620円となります。

労働保険料の控除

　雇用保険料は、事業によって保険料率が異なります。令和6年度の保険料率は以下のとおりです。

【令和6年度の雇用保険料率】
・令和6年4月1日〜令和7年3月31日

	①労働者負担 （給料からの控除額）	②事業者負担 （法定福利費）	雇用保険料率 ①＋②
一般の事業	3／1,000	6.5／1,000	9.5／1,000
農林水産 ※清酒製造	4／1,000	7.5／1,000	11.5／1,000
建設の事業	3／1,000	8.5／1,000	12.5／1,000

　なお、端数処理は1円未満は50銭未満切り捨て、50銭以上は切り上げですが、源泉控除の場合には50銭以下切り捨て、50銭超で切り上げます。ただし、労使間で慣習的な取り扱いや特約があればこの限りではありません。（従来、端数は切り捨てであればそれでも差し支えありません。）

例 ・給料月額 270,000 円の場合

令和 6 年 5 月度の賃金 270,000 円について、従業員が負担する雇用保険料を示しなさい（一般事業に従事している）。

解答　1,620 円

＊ 270,000 円× 0.6%＝ 1,620 円

所得税の控除

給与から差引く所得税の額は課税対象と扶養親族等の数に応じて、税額表を使用して求めます。

税額表には、月額表と日額表があり、給与の支払い形態に応じて使い分けます。

種　類	給与の形態
月額表を使用	・1 ヵ月ごとに支払う給与 ・半月ごと、10 日ごと、毎旬ごとに支払う給与 ・月の整数倍の期間ごとに支払う給与 ・毎月中の普通給与の支給をしなかった人に対して支払う賞与等の臨時給与 ・前月中の普通給与の金額が前月中の社会保険料の金額以下である人に対して支払う賞与等の臨時給与 ・前月中の普通給与の 10 倍に相当する金額を超える賞与等の臨時給与
日額表を使用	・毎日支払う給与 ・日額で支払う給与 ・中途採用者など日割りで計算する場合 ・月額表では税額が求められない給与 ・日々雇い入れられる人の給与

月額表（次ページ参照）には甲欄と乙欄とが設けられています。給与の支払いを受ける人が「扶養控除等（異動）申告書」を提出したときは甲欄を、従たる給与を受ける人や「扶養控除等（異動）申告書」を提出しない人には乙欄を使用します。

【給与所得の源泉徴収税額表 (月額表) （一部抜粋）】

その月の社会保険料等控除後の給与等の金額		甲								乙
		扶　養　親　族　等　の　数								
		0 人	1 人	2 人	3 人	4 人	5 人	6 人	7 人	
以　上	未　満	税					額			税　額
円	円	円	円	円	円	円	円	円	円	円
167,000	169,000	3,620	2,000	390	0	0	0	0	0	11,400
169,000	171,000	3,700	2,070	460	0	0	0	0	0	11,700
171,000	173,000	3,770	2,140	530	0	0	0	0	0	12,000
173,000	175,000	3,840	2,220	600	0	0	0	0	0	12,400
175,000	177,000	3,910	2,290	670	0	0	0	0	0	12,700
177,000	179,000	3,980	2,360	750	0	0	0	0	0	13,200
179,000	181,000	4,050	2,430	820	0	0	0	0	0	13,900
181,000	183,000	4,120	2,500	890	0	0	0	0	0	14,600
183,000	185,000	4,200	2,570	960	0	0	0	0	0	15,300
185,000	187,000	4,270	2,640	1,030	0	0	0	0	0	16,000
187,000	189,000	4,340	2,720	1,100	0	0	0	0	0	16,700
189,000	191,000	4,410	2,790	1,170	0	0	0	0	0	17,500
191,000	193,000	4,480	2,860	1,250	0	0	0	0	0	18,100
193,000	195,000	4,550	2,930	1,320	0	0	0	0	0	18,800
195,000	197,000	4,630	3,000	1,390	0	0	0	0	0	19,500
197,000	199,000	4,700	3,070	1,460	0	0	0	0	0	20,200
199,000	201,000	4,770	3,140	1,530	0	0	0	0	0	20,900
201,000	203,000	4,840	3,220	1,600	0	0	0	0	0	21,500
203,000	205,000	4,910	3,290	1,670	0	0	0	0	0	22,200
205,000	207,000	4,980	3,360	1,750	130	0	0	0	0	22,700
207,000	209,000	5,050	3,430	1,820	200	0	0	0	0	23,300
209,000	211,000	5,130	3,500	1,890	280	0	0	0	0	23,900
211,000	213,000	5,200	3,570	1,960	350	0	0	0	0	24,400
213,000	215,000	5,270	3,640	2,030	420	0	0	0	0	25,000
215,000	217,000	5,340	3,720	2,100	490	0	0	0	0	25,500
217,000	219,000	5,410	3,790	2,170	560	0	0	0	0	26,100
219,000	221,000	5,480	3,860	2,250	630	0	0	0	0	26,800
221,000	224,000	5,560	3,950	2,340	710	0	0	0	0	27,400
224,000	227,000	5,680	4,060	2,440	830	0	0	0	0	28,400

扶養親族数

　この数は、本人から「給与所得者の扶養控除等（異動）申告書」によって申告されている扶養親族等の状況に応じて次のように計算します。

超 重要

扶養親族数の計算

- 源泉控除対象配偶者と控除対象扶養親族（扶養親族のうち、その年 12 月 31 日現在の年齢が 16 歳以上の人）との合計人数
- 本人が障害者、寡婦、ひとり親または勤労学生に該当するときは、その該当する控除ごとに扶養親族が 1 人多くあるものとして数えた数
- 申告された同一生計配偶者または扶養親族のうちに、障害者または同居特別障害者に該当する人がいる場合には、これらの 1 つに該当するごとに扶養親族の数に 1 人を加えた数

参考：扶養とは

【控除対象配偶者】（以下のすべての条件を満たす人）

- 所得者（自分）の合計所得金額が 1,000 万円以下であること
- 所得者（自分）と生計を一にしていること
- 配偶者の合計所得金額が 48 万円以下であること

【配偶者特別控除】（配偶者控除の適用を受けない場合で以下のすべての条件を満たす人）

- 所得者（自分）の合計所得金額が 1,000 万円以下であること
- 所得者（自分）と生計を一にしていること
- 配偶者の合計所得金額が 48 万円超 133 万円以下であること

【扶養親族】（所得者（自分）と生計を一にしている、下記の対象者のうち配偶者や専従者以外の者）

- 六親等内の血族　・三親等内の親族　・いわゆる養護老人等

8
労務管理と給与計算

【勤労学生】（所得者本人で以下のすべての条件を満たす人）

- 一定の専修学校等の生徒であること
- 合計所得金額が75万円以下であること
- 合計所得金額のうち給与所得等以外の所得金額（不動産所得や配当所得）が10万円以下であること

【寡　　婦】（所得者本人が次の（1）か（2）に該当する人。※ひとり親に該当する場合を除く）

（1）夫と離婚した後婚姻をしていない人で、次のいずれにも該当する人
　・扶養親族を有する　・合計所得金額が500万円以下である
　・事実上婚姻関係と同様の事情にあると認められる人がいないこと

（2）夫と死別した後婚姻をしてない人または夫の生死が明らかでない人で、次のいずれにも該当する人
　・合計所得金額が500万円以下である
　・事実上婚姻関係と同様の事情にあると認められる人がいないこと

【ひとり親】（所得者本人が現に婚姻をしてない人又は配偶者の生死の明らかでない人で、次の①②及び③のいずれにも該当する人）

- 生計を一にする子（一定の条件あり）を有すること
- 合計所得金額が500万円以下であること
- 事実上婚姻関係と同様の事情にあると認められる人がいないこと

住民税の控除

サラリーマンの住民税は、**特別徴収**のシステムで徴収されます。

特別徴収とは、給与の支払者（会社）が市町村からの「特別徴収税額通知書」に基づいて給与所得者に毎月の給与を支払う際に、その給与から税額を徴収して納める方法をいいます。

具体的には通知書の税額を12ヵ月で割った金額を6月から翌年の5月の間で毎月の給与から差引きます。

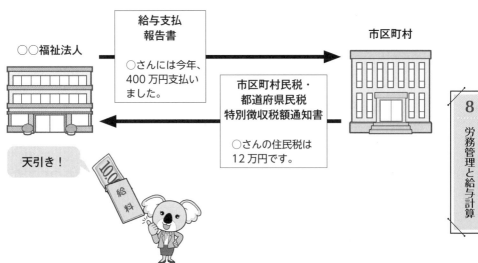

その他の控除項目

その他、生命保険や財形貯蓄などは、社員情報や勤怠状況表に記載されている金額を給与から差し引きます。

確認テスト

答え：P.247

❶ 社会福祉法人に関する以下の内容が正しいものには○、間違っているものには×を解答欄に記入しなさい。

（1）退職事由、解雇事由については、就業規則の絶対的記載事項に当たる。

（2）手待ち時間や準備時間は労働時間に含まれない。

（3）労働契約を結ぶ場合は、トラブル防止の観点から書面として雇用契約書を作成することが望ましい。

（4）職員が50人以上の事業場では、「安全管理者」や「衛生管理者」を選任しなくてはならない。

（5）パートタイム等の非正規職員に対しては、労働条件などについての書面の交付は不要である。

答案用紙

（1）	（2）	（3）	（4）	（5）

❷ 次の文章の（　　　）に当てはまる適切な語句を記入しなさい。

（1）就業規則は、常時（　　　）人以上の職員を使用する場合は必ず作成
及び提出しなければならない。

（2）就業規則には必ず記載しなければならない（　　　　　　　）と
社会福祉法人での規定を設ける場合のみ記載する（　　　　　　　）
がある。

（3）法定労働時間は、原則1日（　　　）時間、1週間（　　　　）時間以
内とする。

（4）職員の安全や健康確保、及び快適な職場環境の形成を目的として定め
られた法律を（　　　　　　　　）という。

（5）給与締め日及び給与支給日については（　　　　　　　　　）に記載
の上書面にて職員に提示しなくてはならない。

「代表取締役」がいっぱい？？

　社会福祉法人の理事長には、「社会福祉法人の "代表" 」という大切な役割がありますが、この "代表" という役割は意外と誤解されやすいのです。

　組織の "代表" というと、その組織の "リーダー" のような存在だと思われがちです。もちろんそういった側面があるのも事実ですが、法律上は「法人名義で第三者と契約を結ぶ」ことを "代表" と呼びます。

　普通の人間（これを法律用語では "自然人" といいます）であれば、自分で契約を結び、押印やサインをすることができますが、社会福祉法人は概念的な存在ですから、法人としての契約は人間が代わりに行わなければなりません。

　その「代わりに行う」行為が "代表" であり、社会福祉法人では理事長がその役割を担うことになっています。

　言い換えると、社会福祉法人の名義で第三者と契約を結べるのは理事長だけであり、その他の理事や評議員たちは社会福祉法人の代わりに契約書にサインすることはできないのです。

　ちなみに、一般的な株式会社には「代表取締役」という役職がありますが、この "代表" も、理事長の "代表" と同じ意味で、「株式会社名義で第三者と契約を結ぶことができる取締役」が「代表取締役」です。

　株式会社に関しては、法律で代表取締役の数に制限は設けられていないため、理論上は取締役全員が代表取締役となることも可能です。

　トヨタ自動車には「代表取締役会長」、「代表取締役副会長」、「代表取締役社長」、「代表取締役」といった具合に4名の代表取締役がおり（2022年5月現在）、この4名全員がトヨタ自動車名義で第三者と契約を結ぶことができます。

　株式会社では、必ずしも代表者が1人という訳ではないのですね。

理事長

私は1人…

第 9 章

各種課長通知

❶ 地域における公益的な取り組みの推進
❷ 社会福祉法人の事業展開に係るガイドライン

社会福祉法人は、福祉サービスを提供する担い手としてその責務をはたしています。

サービスの質を向上させることはもちろんですが、「地域における公益的な取組」として地域に密着した福祉サービスの提供を行うこと、また、今までの事業のみならず、新しい事業にも積極的に取り組んで発展させていく事など、今後の社会福祉法人の新たな取組が期待されています。

1 地域における 公益的な取り組みの推進

地域における公益的な取り組みの実施

　平成 28 年の社会福祉法の改正において、社会福祉法人の責務は地域において公益的な取組を実施することであることが、法律上、明文化されました。

　これは、社会福祉法人は、社会福祉事業の主たる担い手としてさまざまな優遇措置を受けている法人であり、地域社会に積極的に貢献していくことが要求されることから、社会福祉法において、社会福祉法人の責務として明文化されたものです。

（経営の原則等）

社会福祉法　第24条

2　社会福祉法人は、社会福祉事業及び第26条第1項に規定する公益事業を行うに当たっては、日常生活又は社会生活上の支援を必要とする者に対して、無料又は低額な料金で、福祉サービスを積極的に提供するよう努めなければならい。

　具体的には、地域おける具体的な取組みとして**無料又は低額な料金**で福祉サービスを提供していくことが求められますが、この点に関して、「社会福祉法人による「地域における公益的な取組」の推進について」（平成 30 年 1 月 23 日社援基発 0123 第 1 号厚生労働省社会・援護局福祉基盤課長通知）が公表されています。

地域における公益的な取組について（法第24条　第2項）

指導監査ガイドライン　Ⅱ　事業　1　事業一般　2より抜粋

「地域における公益的な取組」（以下「地域公益取組」という。）は、次の全ての要件を満たしている必要がある。なお、法第55条の2第4項第2号に規定する「地域公益事業」に社会福祉事業は含まれないが、地域公益取組には、社会福祉事業が含まれ得る。

1 「社会福祉事業又は公益事業を行うに当たって提供される福祉サービス」であること

　　社会福祉事業は社会福祉を目的とする事業であり、また、社会福祉法における公益事業は社会福祉事業以外の社会福祉を目的とする事業であることから、当該事業のうち社会福祉を目的とした福祉サービスとして提供される事業又は取組[注]が該当する。

　　[注]継続性がない（事業性がない）もの

2 「日常生活又は社会生活上の支援を必要とする者」に対する福祉サービスであること

　　「日常生活又は社会生活上の支援を必要とする者」とは、心身の状況や家族環境等の他、経済的な理由により支援を要する者が該当する。

3 「無料又は低額な料金」で提供される福祉サービスであること

　　「無料又は低額な料金」で提供されるサービスとは、法人の直接的な費用負担が発生する事業又は取組を行う場合に、その費用を下回る料金を徴収して実施するもの、又は料金を徴収せずに実施する事業等が該当する。そのため、公的な委託費や補助金等により事業費全額の費用負担がなされる場合や無料低額診療事業のように事業自体が無料又は低額で行うことが前提とされているものは該当しない。なお、「法人の直接的な費用負担が発生する」場合には、他の業務に従事している職員が勤務時間内に従事する場合や法人本部や施設の空きスペースを利用して行う場合など、法人の新たな費用負担を伴わない場合も含むものである。

2 社会福祉法人の事業展開に係るガイドライン

社会福祉法人の事業展開に係るガイドラインの公表

　令和2年9月11日に厚生労働省社会・援護局福祉基盤課長通知として「**社会福祉法人の事業展開に係るガイドラインの策定について**」（**社援基発0911第2号**）が公表されました。

　当該通知で公表されている「社会福祉法人の事業展開に係るガイドライン」（以下、「ガイドライン」という。）は、公益性と非営利性の両面を備え、良質な福祉サービスを継続して提供していく使命を担う社会福祉法人が、こうした地域社会からのニーズに応え、その役割をさらに発揮していくことを期待して、社会福祉法人の法人間連携、合併、事業譲渡等（以下「事業展開」という。）の手続きと留意点等を整理したものです。

社会福祉法人が行う事業展開の方法

　ガイドラインでは、社会福祉法人が行う事業展開の方法として次の3つの方法が示され、さらに、それぞれの場合の具体的な手続と留意点等が示されています。

1　法人間連携

　　法人間連携とは、それぞれの法人の強みを活かし、地域の課題などに連携して対応することや、人材確保や災害対応などを複数の法人間で協力関係を構築することです。

2　合併

　　社会福祉法人の合併は、社会福祉法に規定されており、社会福祉法人間のみで認められています。また、平成28年社会福祉法の改正において、吸収合併、新設合併の規定等が追加されました。

（1）　新設合併

　　　合併により既設の法人の全てが解散し、新たに法人を新設します。

（2） 吸収合併

　　合併により1つの法人のみ存続し、他の法人を吸収（解散）します。な
お、合併後存続する法人が、消滅した法人の一切の権利及び義務を承継し
ます。

3　事業譲渡等

　　事業譲渡等とは、事業の譲渡と事業の譲受けを総称したものです。通常、特
定の事業を継続していくため、当該事業に関する組織的な財産を他の法人に譲
渡または譲受けすることであり、土地や建物など単なる物質的な財産だけでは
なく、事業に必要な有形的、無形的な財産のすべての譲渡または譲受けを指し
ています。

　　また、令和2年社会福祉法の改正で社会福祉法人の連携のための新たな方策と
して「**社会福祉連携推進法人制度**」が創設されました。社会福祉連携推進法人とは、
社会福祉事業に取り組む社会福祉法人やNPO法人等を社員として、相互の業務
連携を推進する法人として設立され、所轄庁の認定を受けた一般社団法人です。

9
各種課長通知

確認テスト

答え：P.249

❶ 社会福祉法人に関する以下の内容が正しいものには○、間違っているものには×を解答欄に記入しなさい。

（1）平成28年の社会福祉法の改正において、「地域における公益的な取組の実施」が社会福祉法人の責務であると明文化された。

（2）社会福祉法人間の合併には、新設合併と吸収合併の2種類があるが、このうち吸収合併とは既存の法人のすべてが解散し、新たに法人を設立する方法である。

（3）令和2年6月に公布された「地域共生社会の実現のための社会福祉法等の一部を改正する法律」では、社会福祉法人や社会福祉事業に取り組むNPO法人等が社員となり、福祉サービス事業者間の連携・協働を図るための取組等を行う新たな法人制度として「社会福祉連携推進法人制度」が施行された。

答案用紙

（1）	（2）	（3）

❷ **次の文章の（　　）に当てはまる適切な語句を記入しなさい。**

（1）社会福祉法人は、社会福祉事業を行うにあたっては、日常生活又は社会生活上の支援を必要とするものに対して（　　　　　　　　　　）で福祉サービスを積極的に提供するように努めなければならない。

（2）社会福証人の事業展開に係るガイドラインでは、社会福祉法人の新たな事業展開の具体的方法として「法人間連携」、「（　　　　）」、「事業譲渡等」の３つが示されている。

認定こども園が増えている！

　「認定こども園」とは、2006年に就学前の児童が通う施設として、「幼稚園」「保育所」に加え3つ目の選択肢として、内閣府によって導入された施設です。

　もともと、幼稚園は3歳にならないと利用できないので、3歳未満の子供を預けて働く家庭では、必然的に保育所を選択せざるを得ませんでした。

　また、幼稚園では標準利用時間が1日4時間程度なので、フルタイムでの共働きの場合もやはり保育所という選択肢しかなかったのです。

　しかし、3つ目の選択肢として登場した認定こども園は、幼児教育を主体とする幼稚園と、児童福祉としての保育主体である保育所の、両方の良さを兼ね備えていると言われています。

　また、認定こども園は「待機児童」問題の解消にも期待されています。

　専業主婦世帯と共働きの世帯の割合は、2000年にほぼ同数となり、2020年には共働きの世帯が専業主婦の世帯の2倍以上になっています（厚生労働白書より）。

　育児休暇制度の導入などにより、出産しても働き続ける選択をする女性が圧倒的に増えてきた中で、認定こども園の存在は、共働き世帯の救世主となるのでしょうか？

資料：内閣府

第10章

情報管理と情報公開

❶ 個人情報の保護
❷ 社会福祉法人の情報公開

インターネットが急速に普及してきた現代においては、さまざまな情報を容易に手に入れることが出来るようになりましたが、逆に、個人のプライバシーに関する情報の漏洩など、社会問題として取り上げられることも多くなっています。

社会福祉法人は、福祉サービスの主な担い手として、利用者の個人情報に関して、十分に注意を払う必要があります。

一方で、社会福祉法人には、提供する福祉サービスの向上及び事業経営の透明性の確保から、その事業内容などを公開しなければなりません。

守るべき情報と公開すべき情報について、その手法などについて学習していきましょう。

1 個人情報の保護

情報化社会の発達

　情報技術の発達により、私達は一度に大量の情報を収集、加工、保管、受け渡しをすることができるようになりました。

　そして、（インターネットがあれば）どこにいても手軽に知りたい情報を手に入れることができるという環境も、もはや当たり前のことになっています。

個人情報保護の必要性

　このような情報化社会では、情報が安易に扱えるようになる半面、第三者に知らせることが不適切な情報であっても、一度外部に漏れてしまえば、あっという間に拡散され、それを無かったことにすることも、回収することもできなくなってしまうといった危険も伴います。

　このような環境においては、個人情報について慎重な取扱いが必要となってきます。

　さらに、社会福祉法人は、利用者やその家族について、他人が容易には知り得ないような詳細な個人情報を知り得る立場にあります。従って、社会福祉法人には、個人情報の適正な取扱いが一般の事業会社以上に強く求められているということを理解しましょう。

個人情報保護のしくみ・概要

1　個人情報保護に関する主な法律、ガイドライン等

　・個人情報の保護に関する法律（令和3年5月19日改正）

　・個人情報の保護に関する法律についてのガイドライン

　　（個人情報保護委員会　令和3年10月29日改正）

　・医療・介護関係事業者における個人情報の適切な取扱いのためのガイダンス

　　（個人情報保護委員会　厚生労働省　令和4年3月1日改正）

2　個人情報保護に関する規定の整備等

　個人情報保護法において「個人情報取扱事業者は個人データの漏えい、滅失又は毀損の防止その他の個人データの安全管理のために必要かつ適切な措置を講じなければならない（**個人情報保護法　第23条**）」とされており、また「医療・介護関係事業者における個人情報の適切な取扱いのためのガイダンス」では必要な措置として個人情報保護に関する規程を作成することが求められています。

「医療・介護関係事業者における個人情報の適切な取扱いのためのガイダンス（Ⅳ 7（2）①）

個人情報保護に関する規程の整備、公表

・医療・介護関係事業者は、保有個人データの開示手順を定めた規程その他個人情報保護に関する規程を整備し、苦情への対応を行う体制も含めて、院内や事業所内等への掲示やホームページへの掲載を行うなど、患者及び利用者等に対して周知徹底を図る。

・また、個人データを取り扱う情報システムの安全管理措置に関する規程等についても同様に整備を行うこと。

※個人情報保護法が定める義務規定の適用対象となる者を「個人情報取扱事業者」と呼びます。具体的には、個人情報データベース等（特定の個人情報を容易に検索できるように構成したデータベース。例えば、表計算ソフトを用いて整理している名簿や、紙媒体であっても50音順にインデックスを付してファイルしている利用者カードなど）を事業活動に利用している者が該当します。なお、かつて適用除外とされていた小規模事業者（保有する個人情報が5000人以下の事業者）も、平成27年の法改正により適用対象となっていることに注意してください。

3　事業者が守るべきルール

　個人情報保護法で定められている個人情報の主な取扱いについて理解しましょう。

（1）　個人情報を取得・利用する時のルール（個人情報保護法第 17 条、第 18 条、第 20 条、第 21 条）

・どのような目的で個人情報を利用するのかについて、具体的に特定する。

・特定した目的は、公表しておく。あらかじめ公表していない場合には、個人情報を取得した場合速やかに本人に通知、又は公表する。（荷物を発送するために住所を書いてもらうなど、個人情報を取得する際に利用目的が明らかであれば逐一相手に伝える必要はありません。）

・取得した個人情報は特定した利用目的の範囲内で利用する。

・すでに取得した個人情報を他の目的で利用したい場合には、本人の同意を得る。

・要配慮個人情報※を取得する時は、本人の同意が必要。

※次のいずれかに該当する情報を「要配慮個人情報」とし、**一段高い規律とする**ことが求められています。

・人種、信条、社会的身分、病歴、前科、犯罪被害情報

・その他本人に対する不当な差別、偏見が生じないように特に配慮を要するもの

　●身体障害・知的障害・精神障害等があること

　●健康診断その他の検査の結果

　●保健指導、診療・調剤情報

　●本人を被疑者又は被告人として、逮捕、捜索等の刑事事件に関する手続が行われたこと

　●本人を非行少年又はその疑いのある者として、保護処分等の少年の保護事件に関する手続が行われたこと

（2）　個人情報を保管する時のルール（個人情報保護法第 22 条～第 25 条）

・安全に管理するための措置をとる。（個人データに対するアクセス管理、ＰＣにウィルス対策ソフトを入れる等）

・個人情報は正確で最新の内容に保ち、必要がなくなったときはデータを消去するよう努めなければならない。

・従業員に対して、必要かつ適切な監督を行う。

・個人情報の取扱いを委託する場合、委託先に対して必要かつ適切な監督を行う。

（3）　個人情報を第三者に提供する時のルール（個人情報保護法第 27 条）

　　個人情報を本人以外の第三者に渡すときは、原則として、あらかじめ本人の同意を得ること。（業務の委託（検査業務委託など利用目的の範囲内において行われる場合）、事業の承継、共同利用（病院と訪問看護ステーションが共同で医療サービスを提供するなど、特定の者との間で共同して利用するとして、あらかじめ本人に通知等している場合）は、第三者提供には当たりません。）

（4）　個人情報を外国にいる第三者に渡す時のルール（個人情報保護法 28 条）

　　外国にある第三者に対して個人データを提供するには、原則としてあらかじめ本人の同意が必要。

（5）　保有個人情報に関する事項の公表、本人から個人情報の開示等を求められた時のルール（法第 32 条～第 35 条、第 40 条）

・本人からの請求に応じて、個人情報を開示、訂正、利用停止（個人データが法に違反して取り扱われているとき等）等をする。

・以下の①～⑤について、HP に公表するなど本人の知り得る状態に置く。

①　事業者の名称

②　利用目的

③　請求手続の方法

④　苦情の申出先

⑤　認定個人情報保護団体に加入している場合、当該団体の名称及び苦情申出先

・個人情報の取扱いに関する苦情を受けた時は、適切かつ迅速に対処する。

10

情報管理と情報公開

2 社会福祉法人の情報公開

社会福祉法人の情報公開の必要性

　社会福祉法人は公的性格の強い非営利法人であり、補助金や税制面での優遇を受けています。その非営利性・公益性に鑑み、社会福祉法人には適正な運営を確保することが求められています。

　同時に、広く国民に対して説明責任を果たすことが求められています。

社会福祉法第 24 条 1 項（経営の原則等）

　社会福祉法人は、社会福祉事業の主たる担い手としてふさわしい事業を確実、効果的かつ適正に行うため、自主的にその経営基盤の強化を図るとともに、その提供する福祉サービスの質の向上及び事業経営の透明性の確保を図らなければならない。

　社会福祉法人の情報公開手段として、計算書類などを法人に備え置くと共に、インターネットを利用して公表することが義務付けられています。

書類の備置き・閲覧対応の義務

　社会福祉法では、以下の書類を定時評議員会の日の二週間前の日から五年間、その主たる事務所に備え置かなければならないとしています。**（法第 34 条の 2、第 45 条の 32、第 45 の 34)**

　1　備え置く書類

　（1）　計算書類

・計算書類及び附属明細書
・事業報告及び附属明細書
・監査報告

（備え置く期間）
定時評議員会の日の 2 週間前から
5 年間（写しを従たる事務所に 3 年間）

（2）　財産目録等

・財務目録

・役員等名簿

・報酬等の支給の基準を記載した書類

・現況報告書

・社会福祉充実残高の算定の根拠

・事業計画書（定款で作成が規定されている場合）

（備え置く期間）

毎会計年度終了後３ヶ月以内から５年間（写しを住たる事務所に３年間）

※定款についても主たる事業所及び従たる事業所に備え置く必要があります（**法第 34 条の２**）。

インターネットを活用した情報開示の義務

　社会福祉法等は、以下の書類について、遅滞なく、厚生労働省令で定めるところにより、当該各号に定める事項を公表しなければならないとしています。（**法第 59 の２第１項、規則第 10 条第１項第３項、社会福祉充実計画の承認等に係る事務処理基準第 12**）

（1）公表する書類

・定款

・計算書類

・役員等名簿

・報酬等の支給の基準を記載した書類

・現況報告書

・社会福祉充実計画

（2）財務諸表等電子開示システム

　計算書類、現況報告書および社会福祉充実計画については、法人が財務諸表等電子開示システムへの登録を行うことにより公表したものとみなされ、法人 HP 等での公表は不要となります。

　社会福祉法人は毎会計年度終了後３ヵ月以内に計算書類、財産目録、現況

報告書等を所轄庁に届け出ることとされており、所轄庁へデータ送信により届出をする方法が「財務諸表等電子開示システム」です。このシステムは福祉医療機構（ワムネット）HPに窓口があります。

　（システムに「財務諸表等入力シート」をアップロードすることで登録がされます。「財務諸表等入力シート」とは、計算書類、財産目録、現況報告書、社会福祉充実残額算定シートの情報を入力するためのExcelファイルで、福祉医療機構HPから入手できます。）

【福祉医療機構（ワムネット）ホームページ】https://www.wam.go.jp

現況報告書

現況報告書とは、「どのような人達が法人の運営に携わっているのか、どのような事業や取組がされているのか」などといった、当該社会福祉法人の事業概要を説明するための報告書です。

【現況報告書に記載する主な内容】

（社会福祉法人が届け出る「事業の概要等」等の様式について　雇児発0329第6号、社援発0329第48号、老発0329第30号　平成29年3月29日　最終改正：平成31年3月29日）

1．法人基本情報

　　事務所の所在地、電話番号等

2．当該会計年度の初日における評議員の状況

　　定員、現員、氏名、任期、報酬等の総額、評議員会への出席回数

3．当該会計年度の初日における理事の状況

　　定員、現員、氏名、役職、理事長就任年月日、常勤非常勤、理事選任の評議委員会選任年月日、任期、理事要件の区分別該当状況、各理事と親族等特殊関係にある者の有無、理事会への出席回数、報酬の総額

4．当該会計年度の初日における監事の状況

　　定員、現員、氏名、監事選任の評議委員会選任年月日、任期、監事要件の区分別該当状況、理事会への出席回数

5. **前会計年度・当会計年度における会計監査人の状況**

氏名（法人名）、定時評議員会への出席の有無

6. **当該会計年度の初日における職員の状況**

法人本部、施設・事務所職員別に記載

7. **前会計年度に実施した評議員会の状況**

開催日、出席者数、議事事項、開催を省略した回数

8. **前会計年度に実施した理事会の状況**

開催日、出席者数、議事事項、開催を省略した回数

9. **前会計年度に実施した監事監査の状況**

実施した監事の氏名、監査報告により求められた改善事項と対応

10. **前会計年度に実施した会計監査の状況**

会監査報告書における意見区分

11. **前会計年度における事業等の概要**

11-2. **うち地域における公益的な取組（地域公益事業含む）（再掲）**

12. **社会福祉充実残額及び社会福祉充実計画の策定の状況**

充実残額等の総額、計画額、計画の実施期間

13. **透明性の確保に向けた取組状況**

積極的な情報公開への取り組み（事業報告、第三者評価結果、附属明細
書等の任意事項の公表の有無）、前会計年度の報酬・補助金等の公費の状況、
福祉サービスの第三者評価の受審施設・事業所について

14. **ガバナンスの強化・財務規律の確立に向けた財務状況**

会計監査人非設置法人における会計に関する専門家の活用状況、法人所
轄庁からの報告徴収・検査への対応状況

15. **その他**

退職手当制度の加入状況等

確認テスト

答え：P.250

❶ 社会福祉法人に関する以下の内容が正しいものには○、間違っているものには×を解答欄に記入しなさい。

（1）社会福祉法人が個人情報を取得、利用するときのルールとして、どのような目的で個人情報を利用するのかを具体的に特定しあらかじめ公表、もしくは、取得時に本人に通知又は公表しなければならない。

（2）個人情報のデータを保管する場合は、正確で最新の内容に保ち、必要がなくなった時はデータを消去するよう努めなければならない。

（3）社会福祉法人は、社会福祉法第59条に基づき、毎会計年度終了後1ヶ月以内に、現況報告書、計算書類、財産目録等を所轄庁に届け出なければならない。

（4）社会福祉法人の役員等の名簿については、個人情報なので公表してはならない。

（5）社会福祉法人の情報公開の手段として、計算書類等の書類を法人に備え置くとともにインターネットを利用して公表することが義務付けられている。

答案用紙

（1）	（2）	（3）	（4）	（5）

❷　次の文章の（　　　　）に当てはまる適切な語句を記入しなさい。

（1）人種、信条、社会的身分、病歴、犯罪被害情報は個人情報よりも規律
　　の高い（　　　　　　　　　　）という。

（2）社会福祉法人の事業概要を説明するための報告書を（　　　　　　　）
　　といい、インターネット等で公表しなければならない。

（3）社会福祉法人は、社会福祉事業の主たる担い手としてふさわしい事業
　　を確実、効果的かつ適正に行うため、自主的にその経営基盤の強化を
　　図るとともに、その提供する福祉サービスの質の向上及び事業経営の
　　（　　　　　　　　　　）を図らなければならない。

（4）個人情報を本人以外の第三者に渡すときは、原則としてあらかじめ
　　（　　　　　　　　　　）を得なくてはならない。

（5）個人情報取扱事業者は、その取り扱う（　　　　　　　　　　）、滅
　　失又は毀損の防止その他の個人データの安全管理のために必要かつ適
　　切な措置を講じなければならない。

【参考文献】

・『社会福祉学習双書② 福祉サービスの組織と経営』
　社会福祉学習双書編集委員会編　全国社会福祉協議会

・『社会福祉施設経営管理論』
　宮田裕司編著　全国社会福祉協議会

巻末

確認テスト　　解答解説
サンプル問題　解答解説

第 1 章

社会福祉法人制度

問題：P.17

解答

❶

（1）	（2）	（3）	（4）	（5）
×	○	○	×	×

❷

（1）第一種社会福祉事業は、原則として国や地方公共団体と（　社会福祉法人　）にしか経営することができない。

（2）社会福証人の制度改革を目的として平成 28 年に成立した改正社会福祉法の主な内容に含まれているのは、「経営組織のガバナンス強化」「定款、計算書類等の公表義務化等」「地域における公益的な取組の実施」および「（　財務規律の強化　）」である。

（3）社会福祉法第 24 条（経営の原則）に定められている法人経営における 3 つの原則とは、「自主的な経営基盤の強化」「事業経営の透明性の確保」及び「（　福祉サービスの質の向上　）」である。

（4）1997（平成 9）年の介護保険法導入によって一部の福祉サービスの利用については措置制度から（　契約制度　）へ移行した。

（5）社会福祉法人を設立するためには、まず（　定款　）を作成し必要事項を定め、厚生労働省で定める手続きに従って、作成した定款について（　所轄庁の認可　）を受けなくてはならない。

解説

❶

（1）社会福祉事業のうち、第一種社会福祉事業は国、地方公共団体又は社会福祉
　　　法人が経営することを原則としています。

（法第60条）

（4）社会福祉法人は、その経営する社会福祉事業に支障がない限り、公益を目的
　　　とする事業（以下「公益事業」という。）又はその収益を社会福祉事業若し
　　　くは公益事業の経営に充てることを目的とする事業（以下「収益事業」とい
　　　う。）を行うことができます。

（法第26条）

（5）特定非営利活動法人に関しては、評議委員会の設置は義務付けられていませ
　　　ん。

❷

（1）法第60条
（2）テキスト7ページ参照
（3）法第24条
（4）テキスト7ページ参照
（5）法第31条

❶

（1）	（2）	（3）	（4）	（5）
×	○	×	×	○

❷

（1）社会福祉法人は、施設を設置して、第一種社会福祉事業を経営しよう
とするときは、その事業の開始前までに、その施設を設置しようとす
る地の（　都道府県知事　）に、必要な事項を届け出なければならない。

（2）社会福祉法人は、住居の用に供するための施設を設置して、第二種社
会福祉事業を開始したときは、（　事業開始の日　）から１ヶ月以内に、
その施設（以下「社会福祉住居施設」という。）を設置した地の都道府
県知事に、必要事項を届け出なければならない。

（3）社会福祉事業の経営者は、福祉サービスを利用しようとする人が適切
かつ円滑に福祉サービスを利用することができるように、その経営す
る社会福祉事業に関して（　情報の提供　）を行うよう努めなければ
ならない。

（4）（　地域福祉の推進　）は、地域住民が相互に人格と個性を尊重し合い
ながら、参加し、共生する地域社会の実現を目指して行われなければ
ならない。

（5）社会福祉事業の経営者は、常に、その提供する福祉サービスについて、
利用者等からの苦情の（　適切な解決　）に努めなければならない。

解説

（１）社会福祉居住施設においても、社会福祉施設と同様に専任の管理者を置かなくてはなりません。

（法第66条、第68条の6）

（３）社会福祉事業を経営する者は、不当に国及び地方公共団体の財政的、管理的援助を仰がないこと。

（法第61条1項の3）

（４）施設の設置基準を満たしているかどうかの判断をするのは都道府県知事ですので、調査を拒むことはできません。

（法第70条）

（１）法第62条
（２）法第68条の2
（３）法第75条
（４）法第4条
（５）法第82条

第3章

法人理念と行動規範

問題：P.38

解答

（1）	（2）	（3）
×	○	○

❷

（1）福祉サービスは、（　個人の尊厳の保持　）を旨とする。

（2）福祉サービスの内容は、福祉サービスの利用者が心身ともに健やかに育成され、又はその有する能力に応じ自立した日常生活を営むことができるように支援するものとして、（　良質かつ適切　）なものでなければならない。

解説

（1）社会福祉法人の法人理念や経営理念は、経営者のみではなく当該社会福祉法人で働くすべての職員で共有することで、提供する福祉サービスの質の向上を図ることができます。

❷

（1）、（2）とも法第3条参照

第4章
社会福祉法人定款例

問題：P.107

解答

（1）	（2）	（3）	（4）	（5）
○	×	×	×	○

②

（1）定款の記載事項について、（　必要的記載事項　）とは、必ず定款に記載しなければならない項目であり、1つでも記載が欠けると定款の効力が生じない事項である。

（2）理事の最低数は（　6　）名、評議員の最低数は（　7　）名である。

（3）社会福祉法人は、原則として、社会福祉事業を行うために直接必要である全ての物件について、（　所有権　）を有していること又は国若しくは地方公共団体から貸与若しくは（　使用許可　）を受けていなくてはならない。

（4）理事は（　評議員会　）の決議によって選任する。

（5）社会福祉施設を経営する法人にあっては、すべての施設についてその施設の用に供する不動産は（　基本財産　）とし、定款に定めなければなければならない。

❶

（2）施設を設置している社会福祉法人は、施設経営の実態を法人運営に反映させるため、「施設の管理者」が理事として選任されている必要があります。

（法第 44 条第 4 項）

（3）評議員の任期は、選任後 4 年以内に終了する事業年度のうち最終のものに関する定時評議員会の終結の時までが原則です。

なお、理事の任期は、選任後 2 年以内に終了する事業年度のうち最終のものに関する定時評議員会の終結の時までが原則となっています。

（法第 41 条、第 45 条）

（4）評議員会の普通決議は出席者の過半数の賛成をもって決議されますが、特別決議については決議に加わることができる評議員の 3 分の 2 以上の賛成が必要です。

（法第 45 条の 9 　第 6 項、第 7 項）

❷

（1）法第 31 条第 1 項、及びテキスト 40 ページ参照
（2）法第 40 条第 3 項、法第 44 条第 3 項
（3）法第 25 条、及び審査基準第 2 の 1 （1）
（4）法第 43 条第 1 項
（5）審査基準第 2 の 2 （1）イ

第5章
社会福祉法人指導監査ガイドライン

問題：P.143

解答

❶

（1）	（2）	（3）	（4）	（5）
○	○	○	×	×

❷

（1）社会福証人は、社会福祉事業及び公益事業を行うに当たり、日常生活
若しくは社会生活上の支援を必要とする者に対して、（ 無料 ）又は
（ 低額な料金 ）で、福祉サービスを積極的に提供するよう努めなけ
ればならない。

（2）社会福祉法人は、その主たる事務所の所在地において（ 設立の登
記 ）をすることによって成立する。

（3）法人は、会計省令、運用上の取扱い及び留意事項に従い、会計処理を行い、
（ 会計帳簿 ）、計算関係書類及び財産目録を作成しなければならな
い。

（4）資産の総額を除く登記事項について変更が生じた場合、（ 2週間以
内 ）に変更登記をしなくてはならない。

（5）社会福祉法人は、定款について認可を受けたときは、その定款を
（ 主たる事務所 ）及び（ 従たる事務所 ）に備え置かなければな
らない。

❶

（4）多額の借入れは理事会の決議が必要です。

（法第45条の13第4項）

（5）特別な利益供与の関係者の範囲は、当該社会福祉法人の設立者、理事、監事、評議員又は職員とその配偶者も含まれます。

（法第27条、令第13条の2、規則第1条の3）

❷

（1）法第24条第2項
（2）法第34条
（3）会計省令第1条第1項
（4）法第29条、組合等登記令第2条、及びテキスト141ページ参照
（5）法第34条の2

第6章
資金使途制限通知

問題：P.163

解答

（1）	（2）	（3）	（4）	（5）
×	〇	〇	×	×

❷

（1）社会福祉法人では、経営する社会福祉事業に支障がない範囲内で（　公益事業　）や（　収益事業　）を行うことが出来る。

（2）収益事業で生じた剰余金は、社会福祉事業と一部の（　公益事業　）に充てることができる。

（3）自立支援給付費を主たる財源とする施設等の運営に要する経費などの資金の使途については、原則として制限がないが、高額な役員報酬など実質的に（　剰余金の配当　）と認められる経費には充てることができない。

（4）保育施設の財源である措置費については、原則として当該施設の人件費、管理費、事業費といった目的に沿った支出が求められているため、目的以外での支出は認められていないが、一定の要件を満たすことで例外的に（　弾力的な運用　）が認められている。

（5）措置費支弁対象施設に対する弾力運用の要件の１つとして、（　計算書類・財産目録　）が公開されていることが挙げられている。

（1） 社会福祉事業で生じた剰余金は原則として公益事業、収益事業に充てること
はできません。

（指導監査ガイドラインⅡ2）

（4） 障害者福祉事業の対価として受け取る自立支援給付費を主たる財源としてい
る施設などの運営に要する経費などの資金の使途は原則として制限はありま
せん。ただし、他の事業への繰入については一定の要件を満たす場合につい
てのみ認められます。

（障害者自立支援法の施行に伴う移行時積立金等の取扱いについて）

（5） 公益事業で生じた剰余金は社会福祉事業に充てることはできますが、収益事
業に充てることはできません。

（審査基準2（6））

②

（1）（2）法第26条
（3）障害者自立支援法の施行に伴う移行時積立金等の取扱いについて
（4）テキスト157ページ参照
（5）テキスト155ページ参照

解答

❶

（1）	（2）	（3）	（4）	（5）
×	○	×	×	○

❷

（1）（ 経理規程 ）とは、社会福祉法人が法令などに基づいて会計処理を行うために必要なルールを定めたものである。

（2）全国社会福祉法人経営者協議会が作成したモデル経理規程では、規程の改廃は（ 理事会 ）の承認をもって行うとされている。

（3）売買、賃貸借、請負その他の契約でその予定価格が（ 1,000 ）万円を超えない場合は随意契約によることができる。

（4）予算編成の単位は原則として（ 拠点 ）区分とする。

（5）有価証券を保有している場合は、少なくとも（ 9月末 ）と（ 3月末 ）において保有有価証券の時価を理事長に報告する。

❶

（1）受け入れた金銭は、支出に充てることなく、金融機関に預けなければなりません。

（3）物品による寄附の受け入れであっても、寄附申込書は必要です。

（4）金融機関の預金口座は、理事長名で開設します。

❷

（1）留意事項1（4）

（2）モデル経理規程第1章　総則

（3）モデル経理規程第12章　契約

（4）モデル経理規程第3章　予算

（5）モデル経理規程第6章　財務及び有価証券の管理

第8章

労務管理と給与計算

問題：P.210

解答

❶

（1）	（2）	（3）	（4）	（5）
○	×	○	○	×

❷

（1）就業規則は、常時（　10　）人以上の職員を使用する場合は必ず作成及び提出しなければならない。

（2）就業規則には必ず記載しなければならない（　絶対的記載事項　）と社会福祉法人での規定を設ける場合のみ記載する（　相対的記載事項　）がある。

（3）法定労働時間は、原則1日（　8　）時間、1週間（　40　）時間以内とする。

（4）職員の安全や健康確保、及び快適な職場環境の形成を目的として定められた法律を（　労働安全衛生法　）という。

（5）給与締め日及び給与支給日については（　労働条件通知書　）に記載の上書面にて職員に提示しなくてはならない。

❶

（2）手待ち時間や準備時間も労働時間に含まれます。

（5）パートタイム等の非正規職員に対しても、正規職員と同様に労働条件などについての書面の交付をしなくてはなりません。

❷

（1）テキスト 182 ページ参照
（2）テキスト 195 ページ参照
（3）労働基準法第 32 条
（4）テキスト 195 ページ参照
（5）テキスト 185 ページ参照

第9章
各種課長通知

問題：P.218

解答

（1）	（2）	（3）
○	×	○

❷

（1）社会福祉法人は、社会福祉事業を行うにあたっては、日常生活又は社会生活上の支援を必要とするものに対して（　無料又は低額な料金　）で福祉サービスを積極的に提供するように努めなければならない。

（2）社会福証人の事業展開に係るガイドラインでは、社会福祉法人の新たな事業展開の具体的方法として「法人間連携」、「（　合併　）」、「事業譲渡等」の３つが示されている。

解説

（2）吸収合併とは合併により１つの法人のみ存続し、他の法人を吸収（解散）する合併方法です。なお、合併後存続する法人が、消滅した法人の一切の権利及び義務を承継します。

❷

（1）法第24条2項
（2）テキスト216ページ参照

第10章

情報管理と情報公開

問題：P.230

解答

❶

（1）	（2）	（3）	（4）	（5）
○	○	×	×	○

❷

（1）人種、信条、社会的身分、病歴、犯罪被害情報は個人情報よりも規律の高い（　要配慮個人情報　）という。

（2）社会福祉法人の事業概要を説明するための報告書を（　現況報告書　）といい、インターネット等で公表しなければならない。

（3）社会福祉法人は、社会福祉事業の主たる担い手としてふさわしい事業を確実、効果的かつ適正に行うため、自主的にその経営基盤の強化を図るとともに、その提供する福祉サービスの質の向上及び事業経営の（　透明性の確保　）を図らなければならない。

（4）個人情報を本人以外の第三者に渡すときは、原則としてあらかじめ（　本人の同意　）を得なくてはならない。

（5）個人情報取扱事業者は、その取り扱う（　個人データの漏えい　）、滅失又は毀損の防止その他の個人データの安全管理のために必要かつ適切な措置を講じなければならない。

解説

❶

（3）社会福祉法人は、社会福祉法第 59 条に基づき、毎会計年度終了後３ヶ月以内に、現況報告書、計算書類、財産目録等を所轄庁に届け出なければなりません。

（4）社会福祉法人の役員名簿等については、書類の備置き、いつでも閲覧できるようにすると同時にインターネットで公開しなくてはなりません。

❷

（1）テキスト 224 ページ参照
（2）法第 59 条の２第１項
（3）法第 24 条１項
（4）個人情報保護法第 27 条
（5）個人情報保護法第 23 条

サンプル問題

1

①	②	③	④	⑤	⑥	⑦	⑧	⑨	⑩	⑪	⑫
○	×	○	×	○	×	×	○	×	○	×	○

各2点×12ヶ所　合計24点

2

①	②	③	④	⑤	⑥	⑦
イ	イ	ア	ア	ウ	ア	ア

⑧	⑨	⑩	⑪	⑫	⑬
イ	ア	ウ	イ	ウ	ア

各2点×13ヶ所　合計26点

解説

1

① 問題文のとおりです。

（テキスト5ページ参照）

② 法人の成立は、定款の認可を受け、その主たる事務所の所在地において設立の登記をすることによって成立します。

（法第34条）

③ 「法人」は評議員及び役員になることはできません。

（法第40条第1項、法第44条第1項）

④　評議員の定数は、常に理事の定数を上回る必要があります。

　　定款で定めた理事の定数が6名であっても、実際に理事が8名任命されているのであれば、評議員は9名以上を置かなくてはなりません。

（法第40条第3項）

⑤　問題文のとおりです。

（法第45条の4第1項）

⑥　理事会における決議の省略については、定款に定めなくてはなりません。

（法第45条の14第9項、一般社団法人及び一般財団法人に関する法律第96条の準用）

⑦　随意契約については、予定価格が1,000万円を超えない場合にのみ認められています。

（テキスト176ページ参照）

⑧　問題文のとおりです。

（法第47条第1項、定款例第37条）

⑨　認定保育園については、委託費ではなく施設型給付費となるため、原則使途制限はありません。

（テキスト162ページ参照）

⑩　問題文のとおりです。

（テキスト192ページ参照）

⑪　現況報告書に記載する理事全員の報酬額については、職員を兼ねている理事がいる場合は職員としての給与支給額も含めて記載します。

（テキスト228ページ参照）

⑫　問題文のとおりです。

（テキスト6ページ参照）

2

① 第一種社会福祉事業は国又は地方公共団体と社会福祉法人にしか経営ができ
ませんが、第二種社会福祉事業は特定非営利活動団体や一般企業でも経営をす
ることが認められています。

（法第60条）

② 社会福祉法人が定款の認可を受けた場合は、その定款を主たる事業所及び従
たる事業所に備えおかなければなりませんが、定款が電磁的記録を持って作成
されている場合は、主たる事業者にのみ備え置けばよいとされています。

（法第34条の2第1項、第4項）

③ 評議員会の決議には、普通決議と特別決議があります。普通決議は決議に加
わることのできる評議員の過半数が出席し、その過半数の賛成をもって行いま
すが、特別決議については決議に加わることができる評議員の3分の2以上に
当たる多数をもって行わなければなりません。

（法第45条の9第6項、第7項）

④ 社会福祉法人は、社会福祉事業を行うことを目的としていますので、法人の
行う事業の主たる地位を占めることが必要です。具体的には、原則として事業
活動内訳表におけるサービス活動費用計の比率が法人の全事業の50％を超えて
いなくてはなりません。

（法第40条第3項）

⑤ 理事会の議事録は、出席した理事及び監事の署名が必要ですが、定款におい
て「出席した理事長及び監事」と定めることも可能です。

（法第45条の14第6項）

⑥ 予測しがたい支出予算の不足を補うために、理事会の承認を得て支出予算に
相当額の予備費を計上することができます。

（モデル経理規程第19条）

⑦ 資産価値の著しい下落とは、時価が帳簿価額から概ね50％を超えて下落して
いる場合をいいます。

（留意事項22）

⑧　理事会は原則として３ヶ月に１回の割合で開催することとされていますが、定款において４ヵ月を超える間隔で２回以上と定めることも認められています。

（法第 45 条の 16 第３項）

⑨　基本財産を処分または、担保の共にする場合には、所轄庁の承認が必要です。

（審査基準第２の２（１）のア）

⑩　健康保険料及び雇用保険料については、雇用主である法人と職員が折半で負担をするので、職員負担分については給与から控除されます。一方、労災保険については全額雇用主の負担となるため、給与から控除されません。

（テキスト 202 ページ参照）

⑪　就業規則は、常時 10 人以上の労働者を使用する場合の使用者は労働基準法によってその作成及び労働基準監督署への提出が義務付けられています。

（テキスト 182 ページ参照）

⑫　社会福祉法人は社会福祉事業及び第 26 条第１項に規定する公益事業を行うに当たっては、日常生活又は社会生活上の支援を必要とする者に対して、無料又は低額な料金で、福祉サービスを積極的に提供するよう努めなければなりません。

（法第 24 条第２項）

⑬　社会福祉法人は、地域公益事業を行う社会福祉充実計画の作成に当たっては、当該地域公益事業の内容及び事業区域における需要について、当該事業区域の住民その他の関係者の意見を聞かなければならなりません。

（法第 55 条の２第６項）

おわりに……

お疲れ様でした。

経営管理ガバナンス編の学習はこれで修了です。

まずは試験合格に向けてサンプル問題の反復練習をしつつ、苦手な論点はテキスト本文に戻って確認する作業を繰り返しましょう。はじめは解けない問題でも、インプットとアウトプットを繰り返すことで理解が深まり、苦手な問題を克服していくことができます。

そして、経営管理合格後は、次のステップとしてぜひ会計1級にチャレンジしてください。

会計1級のレベルは以下のようになっています。

【会計1級】 主に「複数施設を有する社会福祉法人における統括会計責任者・職業会計人・会計事務所職員」に必要とされる、より専門的で高度な内容を問うものとする。

また、本書で学習をされた方の中には、すでに会計1級を取得され、経営管理の試験の合格をもって会計マイスターになられる方もいらっしゃると思います。

この本で学習してくださった皆様が、みごとに試験に合格され、社会福祉法人マイスターとして、いずれ社会福祉法人の運営を支える立場となって活躍していただけたらとても嬉しいです。

ネットスクール　社会福祉法人経営実務検定試験テキスト＆トレーニング
制作スタッフ一同

索　引

社会福祉法人経営実務検定
書籍ラインナップ

書名	判型	税込価格	発刊年月
サクッとうかる社会福祉法人経営実務検定試験 入門 公式テキスト＆トレーニング【第2版】	A5 判	1,760 円	好評発売中
サクッとうかる社会福祉法人経営実務検定試験 会計3級 公式テキスト＆トレーニング	A5 判	2,420 円	好評発売中
サクッとうかる社会福祉法人経営実務検定試験 会計2級 テキスト＆トレーニング	A5 判	3,080 円	好評発売中
サクッとうかる社会福祉法人経営実務検定試験 会計1級 テキスト＆トレーニング	A5 判	3,520 円	好評発売中
サクッとうかる社会福祉法人経営実務検定試験 経営管理 財務管理編テキスト＆トレーニング	A5 判	2,420 円	好評発売中
サクッとうかる社会福祉法人経営実務検定試験 経営管理 ガバナンス編テキスト＆トレーニング	A5 判	3,080 円	好評発売中

社会福祉法人経営実務検定対策書籍は全国の書店・ネットスクールWEB-SHOPをご利用ください。

ネットスクール WEB-SHOP

https://www.net-school.jp/

ネットスクール WEB-SHOP　検索

※　書名・価格・発行年月や表紙のデザインなどは変更する場合もございますので、予めご了承ください。(2024年7月現在)

社会福祉法人経営実務検定試験
経営管理　ガバナンス編

サンプル問題

※試験前は財務管理編サンプル問題と併せて
　90分で解けるようにしましょう！

ご利用方法

以下の別冊は、この紙を残したままていねいに抜き取りご利用ください。

下の図のように、別冊を開きホッチキスの針を外します。

針を外すさいは、必ず、素手ではなくドライバー等の器具をご使用ください。

なお、抜取りのさいの損傷によるお取替えはご遠慮願います。

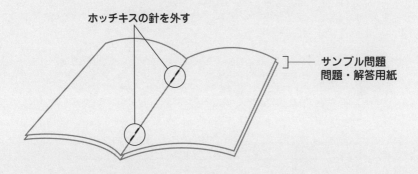

ホッチキスの針を外す

サンプル問題
問題・解答用紙

解答用紙ダウンロードサービス

解答用紙はダウンロードサービスもご利用いただけます。ネットスクール HP
（https://www.net-school.co.jp/）から「読者の方へ」にアクセスしてください。

サンプル問題

社会福祉法人経営実務検定試験

問題用紙

経営管理

（令和〇年〇〇月〇日施行）

経営管理サンプル問題問題用紙

試験会場番号	

◇問題用紙及び解答用紙の指定の欄に試験会場番号・受験番号と氏名を記入してください。

◇解答用紙側に目もうに置いてください。

◇受験要令和の福路側に所属も記入してください。

1 （24点）

社会福祉法人に関する下記の文章の内容が正しいものには○、間違っているものには×を解答欄に記入しなさい。

① 民間社会福祉事業に対する公費助成は憲法第89条に違反するとの批判に対応するため、「公の支配」に属する社会福祉法人制度が創設された。

② 所轄庁による定款の認可により成立する。

③ 営利法人である株式会社に限らず、特定非営利活動法人などの非営利法人であったとしても、評議員となることは認められない。

④ 評議員定数7名以上、理事定数6名以上と定款に定められている法人において、実際の評議員が7名、理事が8名であった場合、いずれも定数を満たしており特に問題はない。

⑤ 理事がその職務を懈怠しており、現に法人運営に重大な損害を及ぼしている場合には、評議員会の決議により当該理事を解任することが可能である。

⑥ 理事会における決議の省略は、法令で認められている場合、定款に特段の定めは必要ない。

⑦ 3社以上の業者から見積もりを入手している場合、取引価格の公正性は担保されるので、金額に関わらず随意契約で問題ない。

2 (26点)

下記の①〜⑬の文章の（　）に当てはまる文章をア〜ウのうちから1つ選んで解答欄に記入しなさい。

① 特定非営利活動法人は、（　）を経営することが可能である。

　ア　第一種社会福祉事業　　イ　第二種社会福祉事業　　ウ　すべての社会福祉事業

② 社会福祉法人の（　）においては、電子的記録により定款がパソコンに保存されていれば書面による備置きは不要である。

　ア　主たる事務所　　イ　従たる事務所　　ウ　すべての事務所

③ 定款に特段の定めがない限り、評議員会の特別決議は、議決に加わることができる評議員の（　）以上の賛成が必要である。

　ア　3分の2　　イ　2分の1　　ウ　3分の1

④ 少なくとも社会福祉事業の規模は法人の全事業の（　）を超えていなければならない。

　ア　50%　　イ　80%　　ウ　3分の2

⑤ 定款の定めにより、書面で作成されている理事会議事録の署名人を（　）とすることが可能

⑪ 一つの事業場で常時（　　）以上の労働者を使用する使用者は、就業規則を作成し労働基準監督署に届け出なければならない。

ア　20人　　　　　　　　　イ　10人　　　　　　　　　ウ　5人

⑫ 社会福祉法第 24 条第 2 項に定められている「地域における公益的な取組」が満たすべき要件の一つとして、「（　　）を行うに当たって提供される福祉サービスであること」がある。

ア　社会福祉事業　　　　　イ　公益事業　　　　　　　ウ　社会福祉事業又は公益事業

⑬ 地域公益事業を行わない社会福祉充実計画について、必要ではない手続きを選びなさい。

ア　地域協議会等からの意見聴取

イ　評議員会の承認

ウ　公認会計士・税理士等からの意見聴取

サンプル問題
社会福祉法人経営実務検定試験
解答用紙

経営管理

（令和○年○○月○日施行）

経営管理サンプル問題解答用紙

1

解答欄

①	②	③	④	⑤	⑥	⑦	⑧	⑨	⑩	⑪	⑫

1

解答欄

①	②	③	④	⑤	⑥	⑦
⑧	⑨	⑩	⑪	⑫	⑬	

2

所属	該当する項目に☑をご記入ください	
	□社会福祉法人役員	□会計事務所職員
	□社会福祉法人（社協以外）職員	□公務員
	□社会福祉協議会職員	□学生
	□金融機関職員	□会社員（役員を含む）　□その他（　　　　　）

受験番号	氏名	得点

⑥ 予測しがたい支出予算の不足を補うため、（　）の承認を得て支出予算に相当額の予備費を計上することができる旨、経理規程に定めることが可能である。

　ア　理事会　　　　　　　　　　イ　理事長　　　　　　　　　　ウ　統括会計責任者

⑦ 固定資産の時価が（　）を超えて下落している場合、時価の回復可能性を検討する必要がある。

　ア　帳簿価額から 50%　　　　　イ　取得価額から 50%　　　　　ウ　取得価額から 30%

⑧ 定款に特段の定めがない限り、理事長及び業務執行理事は、理事会において、（　）以上の頻度で職務の執行状況について報告しなければならない。

　ア　4カ月を超える間隔で2回　　　　　　　　　　イ　3カ月に1回

　ウ　6カ月に1回

⑨ 処分する際に、所轄庁の承認を得なければならない資産を選びなさい。

　ア　基本財産　　　　　　　　　イ　公益事業用財産　　　　　　ウ　収益事業用財産

⑩ 次の社会保険料のうち、職員給与から控除されないものを選びなさい。

　ア　雇用保険料　　　　　　　　イ　健康保険料　　　　　　　　ウ　労災保険料

⑨ 保育所の委託費に対して、その資金使途を厳しく制限する各通知は、たとえ認定こども園であっても、保育所型認定こども園は適用対象となる。

⑩ 労働基準法では1週40時間、1日8時間を労働時間の原則として定めている

⑪ 現況報告書に記載する理事全員の報酬等の総額には、原則として職員分給与は含めない

⑫ 平成28年3月31日に成立した改正社会福祉法は社会福祉法人の制度改革を目的の一つとしているが、その主な内容としては、「経営組織のガバナンスの強化」、「財務規律の強化」、並びに「地域における公益的な取組を実施する責務」、などが含まれる。

◇解答欄には解答以外の記入はしないでください。解答以外の記入がある場合には不正解とします。
◇金額は3位ごとにカンマ「,」を記入してください。3位ごとにカンマ「,」が付されていない場合には不正解とします。
◇検定試験は各級とも1科目100点を満点とし、全科目得点70点以上を合格とします。ただし、各級は不正解とします。
　試験は各級とも1科目100点を満点とし、設問のうちひとつでも0点の大問がある場合には不合格とします。
・各科目とも、設問のうちひとつでも0点の大問がある場合には不合格とします。
◇試験時間は、14：00 から 15：30 までの 90 分です。
◇途中退室は 14：30 から 15：20 の間にできます。　途中退室された場合は再入室することはできません。なお、体調のすぐれない方は試験監督保員にお申し出ください。
◇試験開始時間までに、裏表紙の注意事項もお読みください。
◇問題用紙・解答用紙・計算用紙はすべて回収し、返却はいたしません。
◇問題と標準解答を12月○日（月）午後5時に、（一財）総合福祉研究会ホームページにて発表します。
◇合否結果は1月中旬ごろインターネット上のマイページで各自ご確認ください。なお、個別の採点内容や得点については答えいたしかねますのでご了承ください。
◇合格証書は2月初旬ごろご自宅に発送いたします。

受験番号

氏名

－ 1 －

ネットスクール出版